内家拳武术探微

（下卷）

苏峰珍 著

人民体育出版社

作者简介

苏峰珍，1948 年生于台湾高雄市凤山区。

自幼喜爱武术，苦无机缘学习。

1980 年，始有缘与林师昌立先生习形意、八卦、太极，历 20 余年之久，为入室弟子，排行第二。

同门中，练拳最为精勤，从无间断，为林师所赏识，而尽得其传。

1982 年至 1992 年参加台湾地区的各级推手比赛，常名列冠、亚军，为师门争光。1994 年取得各级太极拳教练证，经林师认可，开始授拳。2008 年参加美国“新唐人电视台”举办的第一届“全世界华人武术大赛”，荣获第三名。

其拳论著作常于太极拳杂志社发表，颇获读者喜爱。

著作有《太极拳行功心解详解》《内家拳武术探微》《太极拳经论详解》（筹备出版中）。

现今于高雄市凤山区文华儿童公园授拳，教学相长，武艺更为精进。习拳最大之愿望，乃能将内家拳武术承授有缘者，永续流传。

教学项目：一、内家拳武术教学（形意拳、八卦掌、太极拳）。二、桩法。三、内劲单练法。四、闪电手。五、苍龙抖甲。六、太极拳发劲八法。七、形意拳发劲十法。八、推手。九、散手（自由搏击）。十、行功心解、拳经、拳论解析。

序 言

何谓内家拳？

一般武术家把形意、八卦、太极归类为内家，之外的归属于外家，大体上是这样区别分类。而实质上要看他的练法，譬如形意拳，若是体会错误，也会变成使力的外家拳；又如太极拳，如果只是外表松柔，没有内劲，只能算是体操罢了，不能称为内家拳；八卦掌如果练成轻忽或类似歌仔戏的走步，也不能归类为内家。反过来说，其他系统，如若能以内家之方法来实践，以运气敛劲来操练，它也可以称为内家拳。所以不能以门派系统作判别。

内家拳武术，深邃宽广，其深处之中，还有更深处，永远挖掘不完，永远学之不尽。笔者习练形意、八卦、太极 30 余年，犹难探内家拳之底。

仅将在练拳过程中偶有微略之心得笔之于书，就教于方家。

本书各篇章，系按写作时间先后而编排，故无系统上之归类分属，请读者能予海涵。

本书之缮校已尽力而为，错误之处尚是难免，请读者不吝指正。

本书论述见解若与读者有所相异，愿予虚心接受指教。

本书所有论述系围绕着《拳经》《拳论》及《行功心解》而说，其中对理、事或有反复重叙者，是为内家拳之核心理论及个人之见解，请读者阅读后勿以繁琐而起烦恼。

文中若有与人或某师有不同见解之论说，是为笔者个人之心得所异，是对事理而说，非对人身而作评论，且均已隐去其名，还望读者能平心而读，再与经论作比对印证。

是为序。

总目录

上卷

下卷

第 88 章　形意的奥妙尽在五形中

各种武术，都有其奥妙的地方，但大部分都着重于招式招法的应用范畴。譬如某些拳着重在脚踢，脚要踢到头部，每天练踢腿；某些拳着重于手的力道，要练击破砍砖之类；某些拳着重于手的快速出拳，每天打沙包之类；某些则在于摔跌与擒拿，每天抓着衣领摔个不停；有的拳每天要打木桩练黐手。

形意拳，虽有母拳五行，子拳十二形，还有八字功，套路有五形连环拳、四把、八式、十二横拳、杂式捶，还有安身炮对打等；兵器也有形意拐杖、纯阳剑、形意连环长棍等，但最基本的功夫还是在母拳五形：劈、钻、崩、炮、横。

形意拳名家李洛能先生，37 岁始学形意，拜戴龙邦先生为师，自受学后，昼夜练习，两年之久，所学者仅五行拳之劈拳及半趟连环拳而已，并不请求多教。龙邦之母，喜好拳术，赏其忠诚朴实，乃面谕龙邦尽心而授，洛能先生精心练习，至 47 岁，学乃大成。

从这个典故中，我们可以得到一个启示，功夫贵于精，而不在多。功夫要纯精，不可贪多，贪多则嚼不烂，囫囵吞枣，不易消化。

很多人练功夫都是贪多的，没多久，拳架、刀枪剑棍，都一一学完，一点武术的基础都谈不上，就俨然成了老师，当起教练，自误误人，这种人市面上比比皆是。

有些做学生的，学功夫就像在挖宝，想尽办法把宝贝挖掘装袋，虽然袋子装得满满的，却拿不出来用，不会用，也不知如何用，岂不等于空手白练。

做老师的，怕学生流失，只好取宠学生，顺从学生，反正只要有学费可赚就好，不会考虑那么多，真是地地道道地成为虚妄的武术之悲哀！传统武术的传承，也就一代不如一代，终而逐渐没落、式微。

从表相看，武术好像蛮兴盛的，学功夫的人似乎很多，而事实上，都是一些新面孔在那边流动，一波人来一波人走，来来去去，真正肯留下来老实认真修学的，并不多见。

这是我的亲身经验之谈。如今我教学生，是遵循古法，一切从基本做起，来跟我学拳，必须练站桩，练基本功，然后以形意五行拳为主轴，绕着五形劈钻崩炮横，周而复始。往后虽有发劲的练习、推手的练习、打法的练习，但不会丢弃五形这个拳母。

五形，越练越深，深了还有更深，深而不可测。当你半年一年过后或两年三年过后，你自己自然知道，以前所学是多么肤浅；等到五年六年过去，你会觉得形意里面，还有更深的东西，等你去发掘、等你去深耕。如果你能认真踏实地练，到七八年，或九年十年，你站在高处往下望，山底下的弯延曲折，尽是一目了然，并不迂回难行，因为你已走过来了。

从此之后，你就会海阔天空，拳法自然会源源不绝生出，不管是招法或用法；拳理自能通达无碍，说法教学亦无碍。不管谁来质问拳理，或质疑内劲的真假有无，你都能坦然面对，心无所惧。

学生不贵于多，而贵在有人能真正把功夫传承下去。我不想教一大堆人，然后来来去去，流动率很大。我宁可只有几个学生，而能尽得所学，这样，功夫才能永续流传下去。如果学生好几卡车，却没有一个能接棒的，既不是我的意愿，也失去我教学的目标与理念。

想跟我学形意，如果意志不坚，不能坚持苦练，懒懒散散的，有一搭没一搭的，不是我想要教的学生。

形意拳的奥妙，尽在劈钻崩炮横这五行拳，你练好了，内劲出来了，其他的套路使起来，才能看。如果体未成就，虽然练棍、练棒、练剑的，也都只是“弄屎花”而已，一点也不能看，唬唬外行还可以，对一个懂得门道的人，你是不敢露手的，因为不露手，人家不知你深浅，一露手，自露内馅，败阙尽出。所以，如果在关公门前舞大刀，只会被关老爷子苦笑在心，而自己却不知道，此谓之“可怜悯者”。

五行拳有明劲、暗劲的练法，两种劲都不好练，体会错了，就不像。

明劲，要有推山之势及饿虎扑羊之势，明快爽朗，干脆利落，不拖泥带水，快而不乱。步法要有蹬劲，不可用跳，跳则虚浮。后脚跟步，不能拖地，拖地则散慢而呆滞，用时无法疾速连续抢步快攻。这两个毛病，是初学者最易患的毛病。

暗劲，要有二争力、拧裹劲，慢而不呆，慢中有条有理，要以心运气，气要鼓荡，行拳迈步要有阻力，把空气当水，自己去营造一股暗暗的阻力与自己相抗衡，这就是陆地行舟，这就是运劲如抽丝。

若把明劲误练成蛮拙力、局部力，或把暗劲练成懈怠、散慢、体操式的空无内涵的打法，30 年后，还是形意的痴呆汉，还是一场空。

学内家拳要务实，脚踏实地，老实练拳，不能舍本逐末，舍近求远，也不能好高骛远，想一步登天。李洛能先生练形意，是日夜勤练，10 年大成。现今之人，一天能练几小时？

如果自己功夫没有长进，先检讨自己有没有老实练拳，有没有勤练功夫。练一天，有一天的成绩，练一年，有一年的功力累积，功夫是靠长年的累积而成的。当你练到一定地步，功夫自己长了出来，有时你会感觉莫名其妙，功夫是何时生出来的？

它是悄悄地增长累进的，就像婴儿的成长一般，你天天看着他，并没有感觉他在成长，如果是一年见一次，就能很明显地看到他成长的快速。修练内家拳功夫也是这样的，日进一纸，不觉其多，几年后，就有厚重的一叠。

形意五行拳，看来简易容易，其实是易学难精的，如果不用心深入去追求，你学到的仅是皮毛而已。如果能练个两三年而不退转，表示你已练出一些心得，而内心也了然形意拳之深度，虽然离大成还有一段距离，只要继续走下去，终有一天会到达目的地。如果没有老实认真地练而怨天尤人，怨自己功夫不长进，怨老师没有倾囊相授，终是于事无补，于己无益。

形意最要者，就是五形。五形没练好，是不会长功夫的。地基没有打好，都是空中楼阁，经不起考验，自欺欺人而已。学拳终生，都将是一场梦幻，梦醒时，才知是一场空。

第 89 章　内家拳万法出于三体式

内家拳武术中所称的万法，包括体与用，也就是功体和用法。体，包含桩功、掤劲、拳架、基本功及浑厚的气等。用法，有招式、招法技击及虚实的神变。

三体式，又称为三才桩。是形意拳的专有名词与功法，是站桩功的一个形体。三体，谓天、地、人，合为一体，天地人合一之意。天泛指百会及手臂，地指脚跟，人指丹田。

三体式，是形意拳站桩的功法。为何说万法出于三体式？因为三体式是形意拳术的根本，是修炼功体的基础，如果没有这个基础，万丈高楼无从立基，盖不起来，盖起来也是虚妄的空中楼阁，很快就会倒塌。

中国传统武术都是要练站桩的，没有桩功的基础，都是花拳绣腿，绣花枕头，外表好看，内里草包。东西洋武术，都是求速的，比较没有桩法的练习，都是练体力、肌力、耐力，拳头能发挥力量，但脚无根，无法完整一气地发挥整劲。

中国现在的武术，也少有人练站桩，大部分认为站桩单调、枯燥、乏味，而且很苦，大家都怕苦，不想吃苦，也不想把时间耗在那里，多数人都想一步登天，立即成就。所以，开始就学拳架，甚至拳架也不想学，就瞎练起推手，靠着一身蛮力，有时侥幸得个冠军，就不可一世，自以为已经是功夫高手了。

有些人只喜欢拳架，外表好看，比赛都是名列前茅，也自以为功夫了得，只等跟人一搭手，才知道天差地别，功夫差人好大一截，都是因为缺乏这个根基。但是他也不想回头，不想从基础再练起，因为冠军的虚名，使他不想放下身段，放下那个虚假的荣誉，那么，这样的人一辈子都无法成就真实的功夫，而独自沉浸于自以为是的虚妄的武术虚名之中，成为一个“可怜悯者”。

三体式，虚灵顶劲，百会朝天，有吞天之气。上手臂沉肩坠肘轻轻向前伸出，食指指天，气贯指尖与劳宫，掌心外推，有推山之雄；下手微屈内扣，拇指指人（丹田），臂缘微向外撑，两手、臂虽有推撑之意，唯不可存有丝毫拙力，需使暗劲，在松柔之中要有沉坠之势，要在“松”中感觉“沉”。这样，手的掤劲就能慢慢累积成就。这是三体式的“天”。

“地”，指脚跟，“前脚三分后脚七，前撑后蹬暗劲使，若是蛮拙练脚力，笑煞武当张三丰”。前撑后蹬，想象地上铺一张纸，把纸撕裂，使的是暗劲，不是蹲低盘练脚酸，松腰落胯是必要的，由松腰落胯使气沉入脚底。日久，入地生根，脚若盘石，需练到活步有桩，发劲有桩，不要练成硬桩、死桩、拙桩。

“人”，指丹田。丹田又称气海，如大海能纳百川，而不溢满。丹田气积多了，形成一个厚韧的气囊，似充满气的球，可以抗打，而且有弹力，可以回弹反击，不是神话。丹田之气，要会运使，利用逆呼吸法，以暗劲压缩横膈膜，令气在脏腑内鼓荡，增进脏腑的气机，使之生机勃勃，充满活力、精力。先令气积沉于丹田，然后运到四肢百脉，使气充满四肢百骸，日久，内劲自生。非三两天可成，非三两月可就，要有恒心，要坚持不退，才能成就这个功体。

这功体成就了，打起拳架就不可同日而语。脚有根，有蹬劲；手松沉，有掤劲；气聚丹田，浑厚雄伟，气势非凡，有丹田劲。经过老师的喂劲，很快就会发劲，通过推手听劲的练习，进而懂劲，懂劲后愈练愈精，大成指日可待也。

还有，这个三体式成就了，脚有了根，腰就能灵活弹抖，练起“苍龙抖甲”，很快便能契入。“闪电手”也是通过这个机制而能成就。若是“苍龙抖甲”抖不起来，“闪电手”使不出来，能肯定是“三体式”的功体还未练就，只有再下工夫，再接再厉，坚持下去，终会有成。

通过推手或者是散手的实际操练，才能体会三体式的重要。因为脚跟如果没有桩体入地，是根本无法发劲的。若只是靠着手的局部拙力，都还是三脚猫，即使靠着硬力推动了人家，也是勉勉强强，不会干脆利落，总觉得是拖泥带水的。

手如果没有掤劲，不能曲蓄而有余，发劲也是硬硬绷绷的，按人有顽劣的感觉，无法像绵里藏针那样，外面绵绵细细的，内里却充满了惊涛骇浪，暗潮汹涌的澎湃气势，让人产生惊悚惶栗，有如跌入万丈深渊、无所依靠的感觉。

丹田气如果不坚实浑厚，发劲不会有令人弹飞崩跌的感觉，打人也只在表皮肌肉之层面，不能伸进入里，深及内脏。练就了浑厚坚刚的气，劲道可以随心所欲，控制得恰到好处。

所以说，内家拳武术的万法，功夫的一切法，都是由三体式而产生。三体式是内家拳武术万法的母体，若缺了这个母体，都还是肤浅的武术，都还是表面层次的功夫。

三体式桩法所成就的下盘功夫，作用不仅仅是局限于步法的稳固，在发劲时都是需要借打暗桩的作用，才能发挥劲道的完整性。有了它，发劲才能贯串连接，而且这个桩练成之后，全身都会有这个桩，不限于脚底，你站着也好，坐着有臀部，卧着有背部，它们都是一个桩，都是杠杆原理中的一个施力点。正是拳经所谓的“处处皆手，手非手”，打人是全身各处的桩在打人，这才是功夫；若只会以手打人，都还是三脚猫，都还未入流。

有些系统，是不练桩功的，不会赞同这个论述，不会认为这个三体式有这么重要，我们也尊重他们的看法。

若有人故意来质难，持反对意见，亦不回应反驳，各人有自己的观念见解，认为值得参考，就且琢磨。

这是个人习练形意拳多年来的心得体验，仅提供给修炼内家拳者之参考。

第 90 章　阻力与内劲之关系

在水中划船，桨拨动水时，会产生一股阻力，因阻力的关系，船才能动，或前进，或后退，或左右摆动，或顺逆旋转。

打拳如陆地行舟。在地面上，要把空气当作水，自己要去营造出强烈的阻力。若没有这股阻力显示出来，打拳就成为空中楼阁，虚无飘渺，空无一物，白忙一场，只能说是运动运动，活动一下筋骨而已，不能聚成内劲，不是真正的打拳。

打针，推动针管，要缓缓慢慢的，因为有阻力的关系。打拳要像推针管一样，缓缓的，慢慢的，好像有人阻着你，让你使不出力。

因阻力的缘故，令空气压缩你身体的肌肤、皮表、筋脉，直至与体内的气相互压缩鼓荡，使气产生摩荡、激荡，而生机勃勃，这叫作气宜鼓荡，这叫作内外相合，这叫作完整一气，这叫作连绵贯串。

那么，要如何去营造这股阻力?

如果只用双手在那边空挥，任你使出多少蛮力，都不会有阻力的感觉，只有慢，气才能缓缓绵延地被带动起来。

手的动作，需由脚来指使，由脚根来带动。脚掌需贴地，以暗劲轻抓地面，应用二争力，前后撑蹬，或左右撑蹬，或回旋撑蹬。只能用暗劲去撑蹬，若使拙力则空费力气。

如果没有成就的桩功，下盘桩基不能入地，使出的便成为蛮拙之力，因为缺乏气沉，无法落地有根，也无法使出暗桩的二争力，如此就无法营造二争力的阻力。所以从这里而言，桩功就变得很重要，不修练站桩，脚盘无根，无法使出暗劲二争力，也就不能营造出阻力，更无法成就内劲。

在打拳行功时，譬如向前的动作，后脚向前暗劲蹬出，前脚暗劲微微撑住，上半身是被动牵拖而出，气寓于下，令身体向前摧动，阻力就出来了。行气越慢，动作越慢，阻力就越强烈，就会牵动体内的气血，压缩贲张，激荡气血生机勃勃，鼓荡而腾然，而收敛入骨，久而汇聚成内劲。向前如此，向后、左右亦然。凡此皆是意。

后脚向前蹬时，由于前脚的暗撑，身体欲向前时，反而有被前面的空气压阻，身体会微微向后挫，手臂至松至柔时，肩膀向后圆弧折迭而出，手的阻力更强烈，会有胀麻沉坠深重的感觉。

阻力是靠行气而得，非依蛮力而致，得靠丹田的气去运为、输送，由内而外，才能营造出来。

打拳全凭感觉，感觉到了，你才能学到，学到以后，就得下工夫去储蓄功力。内劲是靠长期累积而成，没有速成班，没有不劳而获。

这个感觉，要靠自己去悟。而悟是靠练习而得，没有练习，就没有体会，就没有感觉。如果只想凭空想象，胡乱思维，到了任何时候，还是一场空。

如果不老实认真练拳，不认真去体会感觉，终日怨天尤人，怨功夫不长进，怀疑老师没有倾囊相授，终究成为武术的凡夫。

第 91 章　内劲的威力

一位网友如是问："据说寸劲以全身的力量集中在一个人身体上面只需八厘米的距离，空手就能杀一个人，会不会太夸张了点?"

我是这样回答，而得到网友票选为最佳解答：

"真正成就内劲的人，如果要让人致命，是很简单的事。因为内劲的劲道是可以深内透里的，不像外力只能伤及肌肉皮表。人的内脏是极其脆弱的，你可以去市场买一块猪肝或猪肺，用手一拍，就会碎裂。人的内脏也是一样，虽然隔了一层肌肉，但内劲浑厚的人，发劲可以透里深及内脏，而致内脏出血毙命，这是毋庸置疑的。而且内劲功力深厚的人，发劲不需八厘米的距离，贴身、贴着皮肤就可以打人，并不夸张，并非妄语。"

有些人则持反对意见。有人谓："八厘米的距离打死人？要八厘米取人命，我想是夸张了些，打死人不太可能。"有人谓："一掌打碎猪肝、猪心容易，但请问如何隔着肉打碎它呢?"有人则说我乱讲，绝对夸张、妄语。是有很多人，不相信内劲的威力，打死他也不相信，因为他们从来就未曾尝试到过内劲的威力，未曾见过内劲的实有。

但是，很多事情，不是说你未曾遇见过，就一味地否认。譬如，有人也许未曾见过自己的曾祖父或曾曾祖父，但不能因此而否认自己没有曾祖父或曾曾祖父。所以不能因为自己没有修炼内劲这功夫，也没有亲自体验过有内劲成就者的功夫，而一概否定之。

内劲这功夫，是较难成就的，修炼者需要有坚强的意志力，能长年持续不断地去累聚功力，才能致之。而且必须要有慧力，悟力要强，二者并备，才能成就内劲。不是练练肌力、耐力及外表的速度就可成就。

内劲是通过气的凝聚、鼓荡、腾然、沉敛，经久集聚而成。这是说内劲的“体”已成就，但发劲尚须下盘脚之桩功及手臂掤劲的相互配合，以及听劲的得机得势等条件之搭衬，才能完美无瑕。因为人是活动的物体，他会走化，会接劲，会截劲，所以必得配合灵敏的听劲，才能发而必中。

内劲是一种无形的气爆，能瞬间爆发。它的劲道是柔中带刚，绵里藏铁，被打到的感觉，外表是绵绵的，但入里的劲道却是闷暗而慑魂的，有刹那闷绝的惊心动魄的骇然悚惧之感。

内劲的发劲，无形无相，在一举动间，你还不知怎样一回事的刹那，内劲已深达你的腑脏深处，令你瞬间闷绝窒息，无法呼吸。劲道下得重些，绝对可能会震碎内脏，导致内出血而致命。这并非天方夜谭，绝对是实语，并不夸张。

一个内劲成就者，不会轻易出手伤人，即使在有自我防卫必要时，也是适力而为，不会恃技欺人。若是有人执意不信有内劲这回事，而持相反论述辩驳，也只能任其各自表述，尊重他的发言权。

第 92 章　习武应有的礼节

“礼”，在六艺中排为首。古来，中国就有礼仪之邦的称号。如今，时代不一样，礼节不再被重视。

古时，习武者都很重视武德，对老师非常尊重与礼遇，师徒之间的情感有时更胜于父子，所以有“一日为师，终生为父”的谚语。如今，此种情况不复可见，武术老师也都见怪不怪，习以为常，因为众生本来如此，夫复何言。

但是，一个武术修炼者，对起码的应有礼数还是不可疏忽的，宜予谨守分寸，否则，即使能学得一身功夫，而做人起码的道理却没学到，也是枉费一场。

在学习态度上，不可存有金钱交易的错误观念。束修，是对老师的礼貌供养，是学习任何学问技艺应有的酬金，里面有酬谢及感恩的涵义。它不是一种交易的代价。如果把它当成是去补习班交学费，当成一种对价的交易，就变成错误的观念，这个错误的观念建立以后，对老师就会失去应有的尊重，你会认为，我交了钱，我就是老板，今天有空就去练练，明天心情不好就不去练习，这样有一搭没一搭的，以为练不练是我的事，是我的自由，你说这样能成就功夫吗?

一个不尊敬老师的学生，永远无法得到上乘的功夫，因为心态有问题，学习就不会谨慎认真。正确的态度，如果连续缺课两次，就要跟老师请假，这是一种尊重。

如果有一天，你不想再跟老师随学，也要与老师辞别一下，不宜闷声不响就不告而别，这样，以后再见面，大家才不会感到尴尬与发窘。这也是做人应有的礼数，相辞、告别，本来就是为人应有的礼貌。

有些学生，在老师面前唯唯诺诺的，表现得恭卑有礼，可是，有一天他倦了，他退堕了，不想再学，他也不跟老师说“拜拜”，连一声再见都懒得说，以后就变成陌路了，你说老师会作何感想，除了叹息之外，也只能让它习惯。

还有，送上束修，应该以纸袋装好，不可拿起现钞就递上去，因为这不是买卖，不是交易。

上课不可常常缺席，老是缺课，是对老师的失礼。常缺课的学生，要成就功夫是比较困难的，因为学习的频率少，老师讲的方法，不能如数获得。所有的老师，都不喜欢懒惰的学生。

老师上课中所传授的方法要谨记在心，回家要反复思考，加上认真去练。如果只是上课时间练一练，回家后没有复习，没有勤练，想要成就功夫，等于缘木求鱼，煮沙成饭，不可能也。不勤练，其实也是对老师的一种忽视，一种不尊重。

正确的上课，要比老师早到，迟到是失礼的行为。遥想以前练拳时，老师6点到，我都是5点就到场，早已练得满头大汗。再怎么忙，再怎么身体不济，从来不会缺课。怎么熬夜，也不会睡过头，因为，心中练拳的念，一直存在着，那股冲劲，那一份对拳的痴迷，尤胜于热恋中的情侣，心中总是念念不忘于拳，连睡觉中也会想着拳。如果有这股冲劲，谁还会缺课，缺一堂课，都会觉得是一种极大的损失。

练拳如果缺乏这个冲劲、这个毅力，想成就功夫，将是很遥远的事。

尊重老师，才能得到老师的倾囊相授；失去做人应有的礼节，焉能成就上好的功夫？

第93章　从师不宜貌取

孔子有一个弟子叫子羽，因为相貌体态丑陋，孔子不喜欢他，认定他不会成才，后来勉强收为学生。子羽很认真学习，回去就致力于修身实践，后来成就很高。子羽游历长江，跟随他的弟子有三百余人，声誉很高，各诸侯国都在传诵他的名字。

孔子听了这件事，感慨地说："我凭相貌判断人的能力，结果对子羽的判断错误了。"尔后才有"以貌取人，失之子羽"的成语典故。学武术若以外表相貌择师，也会有孔子的情形，纵然遇到真有功夫的老师，也会失之交臂。

有些练外家功夫的，总是太阳穴鼓鼓的，外表看起来雄壮威武，意气风发，不可一世，让人一见就知道他的外家功夫了得。但是，已到炉火纯青的练家子，却是由气与内劲来成就功力的，从外形相貌一点也看不出他有绝世武功，他的外表温文儒雅，谦谦君子，动作风度斯文有礼而内敛，没有傲人的气势，实际上却有深藏不露的真功夫。

学武术，尤其是内家拳，如果以外貌取人，以外表形象选择师傅，往往会错过好老师。

形意拳明家孙禄堂老前辈，身材瘦小，他的形意、八卦、太极都有超人的成就。郑曼青先生，体格矮小，却是打败老美的太极高手。吴氏太极拳宗师吴图南先生，身体高瘦，小时体弱多病，致力经研内家太极，也成一代宗师。吴图南先生活到一百多岁，都是一副玉树临风，仙风道骨，谦谦雅士。

这些明家宗师，若是从外形相貌而观，你永远看不出他是练家子，因为内家的总是内敛的、谦逊的、和蔼的，看不到丝毫的骄矜、傲气及显露于外的肤浅表相。

还有，道场的大小、豪华与气派，与老师的成就，与老师功夫的深浅无关。在公园、学校、运动场所的不为人见的角落，或许就有练家子，有功夫高深的人；他们也不爱现，不会在人多的地方打拳练功夫，甚至躲在家中，不为人知。有的也不想教学生，因为好徒弟难觅，知音难寻。

倒是那些半两半的三脚猫，自以为了得，俨然名师，不可一世，傲气逼人，等你去随学后，拳架、刀、剑、枪、棍、棒，样样来，让你学得不亦乐乎，也自误地以为自己是学功夫的人。等有一天遇到情况，需要呈现功夫时，却是一筹莫展，功夫一点也使不上来，吃了亏以后，才猛然醒来，了知自己所学的不过是花拳绣腿，此时年纪也一大把了，想要重新来过，无奈时不我予，垂垂老矣，已是力不从心，这时才知自己所随学的老师原来是三脚猫，但为时已晚。

择师，除了品德、修养之外，你得知道他有没有真功夫，而真功夫不会写在脸上，你如果以外表取人抉择，看他太阳穴鼓鼓的，威风凛凛的，精神气势豪放外现的；或者装模作样，一副名师模样，他们不一定是明师。若是瞧见一个瘦瘦巴巴、干干瘪瘪、外表一点也不起眼，看起来不像是有功夫的人，他反而有可能是个练家子。若以貌取人，则将像孔子一样的“失之子羽”。

第 94 章　形意拳“八字诀”解析

形意八字诀为：顶、扣、圆、敏、抱、垂、曲、挺。八字又各有三种，分别是：三顶：头顶、掌顶、舌顶；三扣：肩扣、足扣、齿扣；三圆：胸圆、背圆、虎口圆；三敏：心敏、眼敏、手敏；三抱：丹田、心气、两肋要抱；三垂：肩垂、肘垂、气垂；三曲：肘曲、膝曲、腕曲；三挺：颈挺、脊挺、膝挺。解析如下：

1. 三顶

头顶，谓虚灵顶劲（或虚领顶颈），太极谓之顶头悬。行功心解云：“精神能提得起，则无迟重之虞，所谓顶头悬也。”头顶，有冲天之意，气贯百会，三关易通。古人留马尾，读书人用功读书，怕打瞌睡，将马尾竖立悬吊起来，打瞌睡时，头一低，马尾发束就会拉直，精神就会重新振作起来。顶头悬之姿，能让气血通行顺畅，神情振奋。

掌顶，撑劲坐掌，有推山之气势，力贯指尖末梢；掌微立，形成一个坐势，有掤、暗劲在内，气劲能贯手掌。坊间的“美人手”在发劲时，掌腕之间如何恃依？

舌顶，衔接上升肾气，下行入丹田。练气功者常谓，气之行进路线有两个缺口，会阴处及舌处，故舌顶可衔接上升肾气，汇归丹田。

2. 三扣

两肩要扣，即涵胸拔背之意，力达于肘；手背要扣，力达于手。含胸拔背，使气贴于背脊。经云：“劲由脊发”，肩若不扣，胸若不涵，则上身腰脊之掤劲中断，无法使出“整劲”。

足背要扣，坚固桩步；足背扣，两足心暗入地表，轻轻吸附，两足前撑后蹬，形成一股强劲的二争力暗流，入地而生根，桩法成就。

齿要扣，筋骨紧致。齿扣舌顶上腭，唯不可紧扣，不易生津，津液为练气之宝，常须吞咽，以补气行。

3. 三圆

胸要圆，呼吸顺畅，气能下沉丹田，续之运达全身。

背脊要圆，力量摧身；胸圆，背亦圆，背拔，气贴于背，始可形于手。

虎口要圆，掌有抱力；虎口圆，五指微张，使劳宫穴形成一个凹槽，在八卦掌中称之为荷叶掌，使气聚会于掌心。

4. 三敏

心要敏，则能随机应变，心敏靠神运，神灵则脑敏；心敏，须要静，静则神安，安则气定神闲，气定神闲才能反应快速。

眼要敏，能洞触先机；眼观鼻，鼻观心，神内摄，眼睛余光照射前方 180° 范围，视而无视，无视而皆视。

手脚要敏，可发制于人。手脚如何发制于人，外形凭靠皮肤神经的触感灵敏的“听劲”，内面则感应对手“气”的浮沉与虚实变化，玄妙一点则是靠“阶级神明”的神妙感应。

5. 三抱

心意要抱，神不放逸；若心神放逸，气则散漫，无法凝聚两肋要抱，防守周密，遇敌无险；外形肘不离肋，易于严密防守；内在气抱则凝固，沉守于丹田。丹田要抱，气能凝聚。丹田要如何抱？松腰松胯，则气沉丹田，则能抱。

6. 三垂

沉肩：肩沉则手有提劲及掤劲，肩耸则气浮，发人不出。垂肘：形成一个杠杆的支点，发劲省力，能拔人之根。气沉：沉于丹田、沉于手肘、沉于涌泉脚跟。气沉，基座稳固有根；气浮，什么都没有。

7. 三曲

肘要曲，则力富；肘直则易断折，且无法“曲蓄有余”，发劲紧绷硬滞。膝要曲，则弹力佳；膝曲却有张力，若是塌膝则失支撑力，发人不出。

腕要曲，则力贯掌心。腕曲就是坐掌，在掌与手之前臂，形成一个依靠支撑点，发人才有附着力，劲不散失。

8. 三挺

膝腿挺，则入地生根。挺不是用力硬挺，而是运用气的暗劲微微撑挺着。

脊背挺，则劲达四梢；气贯百会，汇归丹田。脊背挺则气贴背，气贴背，才能“劲由脊发”。

颈椎挺，则神气贯顶。颈椎不挺则受重力推按有断折之虞。

八字诀，各分三要，三八二十四，其中有相类重复处，读者莫为此而起疑或起烦恼，相似、相通、相融者，反复叙述者，更显其重要，应当多予体会。

八字诀，是形意的口诀之一，大部分练形意者皆能朗朗上口，但是这些口诀都还得通过实际的体验，深耕的练习，才能心领神会，绝不是背诵口诀就能得到真功夫。

依口诀而练，在练中去体悟口诀，庶几得以相辅相成；若空诵口诀，说而未练，只是画饼充饥，无有所成。

第95章　练拳如登山

山，总是弯弯曲曲，起起伏伏，峰回路转，杂草顽石挡路；然而，山，也有花香鸟语，潺潺流水，苍翠林木，朝阳夕日，美不胜收。

一山还有一山高，越过一座层峰，还得更上一层，行行重重，无数的峰峦，等你去突破，等你去超越。

练拳就像爬山，你如果走走停停，何时才能到达山峰高顶？若是留恋野花奇草，看一样学一样，心不专一，寻寻觅觅，见异思迁，以为学多就是好，就会被这些路边的野花所牵绊，难以到达高峰。

如果走一天停三天，想到达顶峰，根本就是作梦，不可能也！只是浪费了宝贵的光阴及耗费无谓的金钱而已。

如果逗留在山下，成天研究山的路径，山的神秘，盲目地探究登山的快捷方式，想缩短路程，一步登天，也是做白日梦。

登山，需要一个知道路径的向导，指引正确的方向，若是走错方向，把内劲练成蛮力，那就背道而驰，永远到不了目的地。那个向导是否是真正的明师，或是鱼目混珠的伪师，得须睁开慧眼去寻觅缘遇。

山的路径，不会是一片光明坦途，总有弯曲起伏之处，需要毅力、恒心去驾驭、克服。

若是遇到顽石挡道，遇到瓶颈难以突围而心灰意冷，黯然丧志，非是大丈夫。能够提起勇气，振奋精神，冲出难关，突破瓶颈，就是海阔天空，迎向光明。

但是，一个高峰过后，还有另一个高峰等你去迈进，去超越；能够遇难而不退堕，逆流而上，冲破重重关卡，最高峰就在眼前，大成的日子在望。

练武的人，行行色色，千奇百怪。网络武术版的提问，大部分是幼稚而无聊的问题，呈显出武术的虚华不成熟，武术的水平低落，浮华不实，可见一斑。

武术受功夫影片的影响，使很多人起了憧憬之心，梦想拥有绝世武功，幻想一日成名。殊不知，武术的成就非易，因为有毅力的人不多，有恒心的人太少，“武痴”已经难以觅得，那个不怕山路崎岖不平而能奋勇到底的“武痴”，甚是难觅。

那个“武痴”，不问什么是难，运用智慧直心地练下去，不管山路多么泥泞，还是一步一脚印地向上迈进，终于登上峰顶。当他往山下看，山路虽然迂回曲折，却是清楚明白，一目了然。真是“不识庐山真面目，只缘身在此山中”。你在山中钻来钻去，看不清楚路径的全貌，有时会误入歧路，让你多费路程，如有明师向导指引，不会走冤枉路。若不信向导，怀疑路径的正确性，不听指引，自以为是，就会错踏迷宫，永远在山内转来转去，找不到出路。

若是缘遇明师，不知宝贝，因循怠惰，不认真老实练拳，旷废时日，躐等以求，终无所成，永远是武术的凡夫。

第 96 章　武术与街头实战

有些人学了一辈子武术，遇到街头实战却是一筹莫展、一败涂地，为何如此？

街头实战与武术拳架、套路、武术搏击比赛，还有一段差距。一个武术学习者，当所学拳架、套路都已纯熟，参加搏击比赛，也屡得名次，但在街头遇到状况时，遇到凶巴巴的混混，往往被打得鼻青脸肿，信心尽失，从此一蹶不振，遇事而胆怯，枉费练武一场。

武术搏击比赛、散打比赛，都有规则限制，绑手绑脚的，而且还有护具护身，被挨几拳，还能承受得了。街头实战全凭临场经验，经验不足，所学无法完全发挥出来。

当学拳两三年，拳架已臻成熟，内劲功体也有几分成就，听劲、发劲、推手也逐渐进入状况，此时要有二人对打的练习，从单招、单势起练，要练到极纯熟，然后两招、三招、四招的连续对练。固定喂招完成，应步入无招无势的自由对打，而且师兄弟之间需换手轮流对练，以应付各种不同体形、力度、招法变化的不同差异，适应各种不同的战略方式。

对打练习，为了预防受伤，都要适力而为，点到为止，但不可存着嘻笑玩乐心态，应建立危机意识，与真实对战情况无异。若以嘻玩方式对练，发劲没有劲道，打到也不痛不痒，或出手攻击只是一个做势，这些弊病都要防止，否则练成习惯，真正遇到实战时，无法完全发挥实力，立于不败之地，也让对手有可趁之机，吃亏挨打终究难免。

坊间有很多对拳、对剑、对棍的练法，把招式编成上下手，互相对招对练，这些都只是表演好看，你如果自认为如此的对练方式，可以成就实战效果，那就大错特错。如果不相信，等有一天，在街头与人发生磨擦，自己去寻伺胆识还在否？此时才会恍然大悟，原来所学雕虫小技，皆是花拳绣腿而已，那些比手划脚的拳术，都只是绣花枕头。

学拳练功夫，不是为了打架，但适当的防卫不可无，这个社会，常有以恶欺善、以壮欺弱之及，善良守法的人，有时因为胆怯怕事，让恶人欺侮，受些小伤是不打紧，有时连命都丢了，真是可叹啊！

那么，要如何防卫自己，保护家人眷属，是一门重要的课题。如何自保？你不能买一把枪放在身上，放在家里，所以学武术就变成生活的必需品。

如果有一天，你被恶人欺负凌辱，毫无反抗自保余地，从此你会吓破胆，变成一个胆怯没有信心的弱者，从此生活暗淡无光，遇事犹豫，踌躇不决，人生变成黑白的，毫无色彩。

所以得利用时间，学一点功夫，练练武术，让你有自信，遇事而不惊，处变而不乱。

推手是实战的前阶，是实战的必练过程，但推手不是实战的全部，不要以为推手得个冠军，就可以上战场，还差好大一截。

然而推手的听劲、接劲与化劲，在实战时能发挥极大的功能，掌控对手的势力，达到防御与攻击的目的。所以推手是必学课程，而且要练得很精，很深入，但绝不是以蛮拙之力而为。

推手练至能发劲，能接劲，能化劲，就要进入实战对打的练习，半推半黏半打，要有推化带打的练习，使肢体、皮肤、神经触感产生敏锐的机制，身体也能接化对手的来劲。

半推半打熟练后，就得进入真正的实战对练，不带护具、拳套，与真实打架无异。偶尔受些小伤难免，但小伤能让你更提高警觉与危机意识，让你在真正遇到不得不出手的时候，减少你受伤的机率，甚至因此而救了自己一命。

遇到情况，要冷静沉着，先记住对方的车牌号码及对方的特征，最好不要直接口头起冲突，要立即打110报警处理。有些恶质的人，不待警方来就恶口相向，无理也要大声唬吓你，甚至动手打人，有的会拿棍棒武器攻击你，然后呼啸而去。遇到这些情景，一定得极度冷静，起码得记住对方车牌号码，往后才有申诉讨回公道的机会。

开车擦撞有时难免，明明对方不对，他比你更大声，不要与他对口厮骂，应冷静地看着他，预防他出手攻击。恶人先告状，恶人无胆，那些口出恶言、外表穷凶极恶模样的人，大部分是装腔作势，你只要冷冷地看着他，不要露出惧畏之相，他反而不敢对你怎么样。

但是，不要故意激恼他，他如无阶梯可下，恼羞成怒，就会演出街头打架，所以能忍则忍，但要忍而无惧，若是心中怯惧，被对方查觉看出，他就会“软土深掘”，吃定你，欺负你。

学到好功夫，学会实战防卫技巧，可增进胆识，有了内在的胆识，呈现于外表的气势，也就凛然无畏，不怒而威。有时气势就能让对方见而生惧，不战而胜，不费一兵一卒而致胜，乃兵法之上乘。但要呈现无畏的气势，当然得有内在的胆识，胆识来自于上乘的武功。

第 97 章　蜈蚣草之根

有一种草叫蜈蚣草，它不像一般杂草是直立的，一丛一撮的，它是平贴于地面，长度二三尺不等，每一寸有一个节，每一个节都会生根，牢牢地盘固地底，每一个根节又会生出无数的茎，无限的蔓延。

这种蜈蚣草，要拔除它非常困难，因为它盘根错节，处处都有根，只能一节一节地拔，很费事的。

内家拳的桩功，必须练到像蜈蚣草一样，不只是脚根盘固稳定而已，要达到全身都有根，听起来好像很玄。

形意拳常提到三节三根。三节三根，以全身而言，脚为根节，腰身为中节，手为梢节。细而分之，脚掌为根节，膝为中节，大腿为梢节。丹田为根节，心为中节，头为梢节。肩为根节，肘为中节，手为梢节。

全身以脚掌、丹田、肩膀为根。这是概要而言，事实上全身各个关节都可相依而为根节，就像杠杆原理，只要能找到一个支点，你就能轻松省力地发劲。

手掌可以腕为根，肘以肩为根，肩以脊为根，脊以腰胯为根，腰胯以腿为根，腿以膝为根，膝以踝为根，踝以脚掌为根。每一节的根又可相依为根，形成一股盘根错节、根深蒂固的桩法。

所以“桩”，不是狭义的指脚跟，而是三节都要有根，节节的根都要到位，都要完整，这样才谓之“完整一气”，始能谓之“整劲”。

街坊间的推手，都是双手的牛力，走化也是歪七扭八的上半身的扭转。何谓“其根在脚”？何谓“整劲”？什么是“内劲”？知者甚渺！

有几个真正的练就了内劲？推手冠军？还有那些名师？

是否“明师”？请他发个空劲，可以窥到端倪。若发空劲不能窥其端倪，那就将身体让他打一下，如果他说“这可是会受伤的，不能试”，你心中会存疑吗？必须存疑的。

真有内劲的师傅，不会把你打伤，他会打得恰到好处，让你感受到内劲的威力与实有，又不会伤害到你，这才叫“功夫”。

没练出内劲，打爆了，那种疼痛，还是能忍受的，没什么大威力，因为是蛮力，不会有惊惶悚惧的骇然之感，没有被人推落、悬于半空的魂飞魄散之感。被内劲打到就会有这种骇然闷绝的觉受。

有了内劲，还得会用，发劲要发得中，要发得人出。要发得人出，必须打到对方的根，才会腾空奔跌而出。那么，如何才能打到对方的根？发劲者必须全身都有根，全身都含藏着内劲，要根根到位，完整一气的瞬间“闷进去”，能闷得入里，渗透到深处，才是真的有内劲而且会发劲的人。

拔除“蜈蚣草”很让人伤脑筋，要练出如“蜈蚣草”般的根，是得下一番很深的工夫，才能有所成就。

第 98 章　后发先到

后发先到，这名词在内家拳中常常会听到，尤其是太极拳。

比人迟缓发劲，却能先到，听起来总觉得玄妙，不可思议，那些练外家的可能永远都不肯相信。

笔者在上课时曾经提到过这问题。有学员狐疑不信，一直诘问是何道理，我说道理很深奥，没练到那个水平，很难理解，很难说清楚，只好现身说法，以实际行动来验证。他就一拳往腹部直击而来，我瞬间发劲把他打了出去，他说老师出拳好快喔！在以后的教学示范中，他仍是不信，但屡试不爽，他总是先发后到，而且总是拳还未到我身，已莫名所以地被打了出去。

那么，现在就来叙说后发先到的道理，够水平的，有练到相近的层次，说了就会懂，听了就会相信。

先引用王宗岳的拳论：“斯技旁门甚多，虽势有区别，概不外乎壮欺弱，慢让快耳。有力打无力，手慢让手快，是皆先天自然之能，非关学力而有为也。察四两拨千斤之句，显非力胜；观耄耋能御众之形，快何能焉！”

这里说明了力的强弱与速度的快慢，“是皆先天自然之能，非关学力而有为也”。所以力的强弱与速度的快慢，并不能决定胜负，也不一定就能先发先到，抢快而制胜。后发先到的条件有很多层次：

（1）**速度的快疾**：动作比人快，抢到先机，时间与空间先到位，这就是王宗岳拳论所谓的“手慢让手快”的“快”，此乃“先天自然之能”，属于一般层次水平的快。这种功夫只要常练打击速度，运动细胞好的，很快就能上手。

（2）**截劲而入**：对方之拳将到未到之际，截住对方的劲路，使他的劲道被截于半途，无法全力尽出，而我方的劲道乘隙而入，抢先到位，将对方打出。

（3）**连消带打**：亦即内家拳所谓的“化劲”。这个连消带打，里面有“化劲”、也有“接劲”。化劲是先走化了对方的来力，顺势回打，这层次还不算上乘。更上层者是敢于去“接劲”，将对方的来力“接住”，同时同步的瞬间反射回去，这才是上品功夫，对方的来力越强，反射回去的劲道就越大，这才可谓“连消带打”“化打合一”。真正的上乘，是“不消不化”“不走不架”“不挡不格”。戚继光《拳经诀要》言：“不招不架，只是一下，犯了招架，就有十下。”形意拳所谓“硬打硬进无遮拦”，里面涵盖很深的道理。

“接劲”，不是硬接蛮干，也不是用手去接。太极有所谓的“用手非太极”，狭义而言，是指打拳架，不是手主动主导，而是以身领手，以脚领手，不是局部的手动，这是狭义的说法。广义的说法，乃指在技击时，不是以手在那边格挡、招架，如果是格挡、招架的打法，不堪谓之“连消带打”，是属于低层次的功夫。能用身体去化、去听、去接，才是广义的“太极不用手”。

真正的“化劲”是敢于去承接对方的强大的劲道，这不是要强、要蛮、要狠，不是强、蛮、狠而得以致之的，里面有很深的内涵。

“接劲”，不是用手去接，而是利用身体的每一部分皮肤、肌肉、神经的触感反应去直接反射。更神妙的说法，要能去感应对方的呼吸、对方的气、对方的神，也就是《拳论》中所谓的“由着熟而渐悟懂劲，由懂劲而阶及神明”的境界。“接劲”的前提是，脚要有根，将对方来力接入脚底；手要有掤劲，也是将对方的来力藉手而接入脚底；丹田要有浑厚的“气”及灵敏的气感，才能听到对方的呼吸，感应到对方气的起伏脉动。

所以，后发先到，上举三种条件都须具备，你可以用“速度的快疾”抢得先机，动作抢先一步，较快地抢入。

你可以“截劲而入”。但截劲而入是有条件的，你得有足够的胆识，否则见人一拳打来，闪躲犹恐不及，哪还敢截入。而胆识不是逞匹夫之勇，是成就了胜妙的高深武功所呈现的仁者无惧的大勇，不怒而威的沉静气势。

你要会“连消带打”，学会化劲与接劲。化劲与接劲的前提是“听劲”，进而“懂劲”，然后“阶及神明”。

我那学员听我如此叙述，稍知“后发先到”更深的原理。如果当初这样讲，他一定也还是“雾煞煞”。但是道理虽然知道了，“后发先到”的实证，还是体验不出来，因为功夫还没到家，还须更努力地勤加练习。

第99章 道 场

学习任何技艺、功夫的地方，都称之为“道场”。一般所称的道场，有练武的地方，称为武道场；修行的地方，也称为道场；其他习艺的地方，较少人称呼为道场，通常称为教室。

练武的道场，分为室内道场与室外道场。外国人练武的道场，一般都是在室内，装潢气派，有空调设备，很舒适，在这种道场练武，让人有优越虚荣感。

外国的武道场，都是按时计费，学费很昂贵的，一般贫穷子弟无法去那种道场学武术。

台湾的武术道场，少部分是在室内，有的是租借区里活动中心做道场，有的是租用私人场地做道场，由于需负担租金及冷气水电等费用，所以学费也不会便宜。

由于国人习武风气并不旺盛，室内的武道场之经营并不容易，所以就得靠一些广告招徕生意，因此，武术道场含摄了生意商场交易的气息。

国内大部分的习武道场，遍布于公园、学校运动场、文化中心等室外场地，大部分的武术老师，无法负担高昂的房租，只能利用公共场所作为活动场地。

寻找学武的道场，不宜分室内、室外。室外不乏好老师；室内也不乏充数者。有钱的弟子，寻求舒适及虚荣的优越感，喜欢往室内的道场跑，但不一定能学到好功夫。公园的一隅、学校的边处，或许隐藏着深藏不露的高手。所以，若以表相道场的豪华舒适作为择武道场的标准，可能会失去上好良机。

有人在网络上浏览了我的武术博客，想来跟我学武术，但是得知我的练习场是在公园而作罢，只能置之，没有那个缘分。

室外的公园、学校等道场，都属于公共场所，没有门禁管制，但是他们有一定的活动范围，虽属公共场所，但是不宜随便闯入，不宜去影响他们的练拳。

有些人看人练拳或推手，一时技痒，随便地进入跟人家讨论拳理，或指导、示范等，这是不礼貌，不懂得江湖规矩的冒失汉。靠近人家的道场，可以站在一旁观赏，吸取别人的优点；若发现人家的缺点，也可作为自己的借鉴，但千万不可以贸然地去指正人家。若一时技痒，想要参与讨论或参加推手等，一定要征询场主老师的同意，然后礼貌地就教、切磋，这是武场的规矩，也是江湖一向的规矩，不可不知。

道场，需要学生庄重严肃。一个道场若是学生懒懒散散、三三两两、疏疏落落的，学员的向心力就凝聚不起来，精进不起来；若是个个奋勇学习，才能振奋抖擞起来。

一个学生如果三天两头地旷课，爱练不练的，不能得到老师的倾囊相授，所以，不可认为交了学费就行，爱练不练无所谓，这是错误的观念。而且，旷课一次，你会少学很多，也许老师刚好讲到很重要的理论及示范，你却错过了，岂不可惜。

佛家说："直心是道场。"每个人都有一个自心道场，你的心如果是坦直的、率真的，不歪曲、不谄媚、不嫉妒、不怀疑、你就拥有一个正直的自心道场。

找到一个你自认的好道场，心就要定下来。若是怀疑自己的老师功夫是否正真，是否上乘稀妙，犹自在外面的道场徘徊，想学的更多；或者这边练两下，又换到另一边练几下，这样的人永远无法成就功夫。

有些人以为学多就是好，你说空手道，他可以跟你谈，你说跆拳道，他也可以跟你说，说八极，说咏春，说形意，都是头头是道，但是说的都是似是而非，肤浅得很，忽悠外行可以，遇到懂得门道的，只有口挂壁上，无讲话的余地；或者死爱面子，明知自己理论不对，还要跟你争得面红耳赤，硬说他才是正确的，你奈他何？

道场，总是五花八门，琳琅满目，让你眼花缭乱；有吹嘘自己的，有广告招徕的，有生意经营的，有门面取胜的，哪个是你真正所要的，还得睁大慧眼及靠一些缘分，才能找到你所要的道场。

第 100 章　门外学功夫

站在门外，永远不知门内隐藏着多少宝藏，因为未进得门去，只在门外浏览、观望。有的人是找不到门径，不得其门而入；有些人则喜欢门外的花花草草，喜看那遥不可及的虚幻飘渺景观。

练武术学功夫，多数人喜欢沉迷于浮华好看而不实际的套路，只求外表好看，真正功夫的内涵，不想去探究、追寻，以为练了很多套路、招式，就是练武术。所以两三年内，甚至更短的时间就学了所有拳路，以及剑、刀、棍、棒等，而且也会误以为自己已然成就了武功。殊不知，这些都只是花拳锈腿，好看而不中用。

其实，说好看，也不尽然。有些人拳套虽然学了很多，只能哄哄外行，遇到会看门道的练家子，真是连瞄一眼也懒得，因为真的不能看。外行，只会看热闹，看人比手划脚，有模有样，羡慕得不得了。

笔者的一个学员，刚学拳时，看人打拳，心仪羡慕得不得了，但他跟我学拳两年多，再看那些三脚猫在那边装模作样，一方面觉得可笑，另一方面却觉得婉惜及可怜。因为这些人大部分没有机缘得遇好老师，也有部分人是自己喜欢这调调的，他们不想面对真功夫，不想吃苦，自我欺骗而沉浸于虚妄又虚荣的表相功夫，自以满足。

笔者于 2008 年参加全世界华人武术大赛时，认识一个赛员，他在北部及东部各开了一家武道馆，他的套路打得很好看，不论劈腿、翻滚、举脚，都是有模有样。那次比赛，他也得到了很好的成绩。但私底下切磋时，才知没有练到真正的内劲功夫，练的都只是表面的拳脚体操而已。然而他却是两家武馆的馆主，是武术老师。

像这样的循环延续承传下去，中国功夫还能保持基本的内涵吗？除了被外国人讥讽为花拳绣腿、绣花枕头之外，我们还要闷着头，独自吸吮，暗自沉溺于虚相的、不实际的表象“中国功夫”？

门外的功夫：不练基础，没有扎根，就像房屋没有地基，就像海市蜃楼，是虚妄不实的。譬如一开始没练基本功就学拳架，学刀剑棍棒，学一大堆，都是不符实际的练法。又譬如，对拳、对剑、对棍、对刀等，分上下手，各自套好招式，两人一来一往，表面看起来热闹滚滚，煞有其事，其实这些都是练好看的而已，真正实战时，一点也派不上用场，只是自己练着开心，自己骗自己，说是在练武术罢了。

门内的功夫：从站桩扎根，每天练站桩。站桩，是一切武术的基础，站桩不只练下盘功夫，也能练气的凝聚、内敛。站桩也能练出手的掤劲，掤劲是发劲的必备条件之一。站桩，不是练脚力，而是练气的沉淀，使下盘生根，如树之盘根一般。下盘有根，才能发劲。没有下盘基础的推手，不外是全身的蛮力，身体必须前倾，歪七扭八地把人推出。虽推得人出，但在练家子眼里，是不堪入目的，是在关公面前胡使大刀，会笑煞武当的张三丰。

手的掤劲是非常重要的，需从基本功及站桩中去练、去悟。到练拳架时，掤劲更形重要。打拳时以腿腰为主宰，为动力，手只要以意念轻轻地掤着，它要被腰腿去牵动，而且要引动出一股极强烈的阻力出来，从脚跟的运使，传乎手，自己去营造阻力，使内部的气与外面的气互相鼓荡，产生强烈的共振、共鸣，气运使得出来，心也够净静，气才能腾然起来，腾然后下沉，然后气敛入骨，久而汇聚成内劲。

这才是门内学功夫，才是真正的武学。

若不练这些基础，任你如何学推手、学散打，都是只会学到满身蛮力，无有是处。

武术分为“体”与“用”。体的成就是缓慢的，得靠时间去累积，若是等待功体成就再练用法，那在用的方面就要延宕很久，达不到短期自卫防身的效果。

我的学员通常练一段时间，有了大致的内家拳武术概念后，就开始学用法，如推手，训练粘连黏随的听劲功夫。内劲约一两年会有部分的功力产生，就慢慢让他们体验实战的经验，由单招的熟稔而进入自由对打，体验街头实战的状况。这样才是真正的学武。高楼大厦平地起，没有地基的空中楼阁，是自欺欺人的。只有通过苦练、实修，老老实实地练功夫，才能成就真正的功夫，否则都是门外练功夫。

笔者现在的学员能够留下来继续练的，算是我的知音，他们知道我的教学方式，是体、用兼修，不是学多，学表相，所以教的拳式、套路不是很多。形意拳，都是以五形母拳为基准，加上一些基本功及用法，这就够他们练之再练，他们是来学真功夫的，所以也不想求多。

虽然学的拳式、套路不多，但每天都有不同的进境及体会，每天都在进步当中，每天都会有如发现新大陆般的雀喜，光一个五形，就有练不完的东西，蕴藏的宝藏，永远也挖掘不完。只要肯认真老实地练下去，总有大成之日，不会入宝山，空手而回。进入门内，总会得到宝物。但是如果进入宝山，只是走马看花，浏览观赏而已，出得门去，也将是两手空空。

喜欢速成者以及怕吃苦者，没有恒心、毅力者，来几趟就走了，不会去挽留他，堪不堪造就，练几次就可看出端倪。我要的是知音，真想练功夫的，绝不会刻意去招徕学生；有真的承传者，才是我的目标与理想。

门外风景虽美，不如门内宝藏价值；门外是花草，门内藏黄金，你的价值观如何？你的智慧如何？自己应知所取舍，喜欢虚荣虚幻表相，在门外取；喜欢黄金宝藏，就要进入门内才能得。

第 101 章　气沉的感觉

气沉的感觉是怎样的？如何感觉气是不是沉的？这是一般初学内家拳者普遍的问题。

气，不管是外面的空气，或体内的“炁”，都是有质量的，虽然我们的肉眼看不到，但它确切是一个量能，有一定的质量与重量。

只有苦心孤诣，有恒心、有毅力的人，坚苦卓绝之人，经过长久的以心行气及以气运身，经过极松柔、不用一丝拙力的修炼，令气慢慢地沉入丹田，沉入脚跟，沉入手臂，终而能自我感觉到“气”的“沉”“敛”而入于骨髓筋脉之深层。

气的聚集丹田，是经过长久的以意念的行功运气而致，经由“腹内松净，气腾然”，然后沉聚丹田。练功时通过灵静、意守，日久而气始敛聚于丹田。这里所谓的“腹内松净”并不是狭义的指腹部之内，而是泛指整个身体之内，包括神经、肌肉、骨骼、筋脉及气的运使，都须松净，不着一丝拙力。

经过长久的修习，内气逐渐充满、厚实。当气沉聚于丹田时，丹田处会形成一个小气囊，像是一个小圆球，用手掌压按，气会往丹田四方流聚，就像气球受压挤的情况一般，而且能感觉丹田富有弹力，会回弹、反弹。

气凝聚于丹田，可以抗打击，因为那个如小气球的囊，会有承受力击的作用，也能接住对方的来力，加以反击。

气，是可以被守护的，是可以被照顾的，只要好好地守护着它，照顾着它，它就不会乱跑，不会散漫。《拳经》云“气守丹田”，又云“意守丹田”，意思就是把气守在丹田之处，用意念，用心思，把气守护在丹田。

《拳经》又云“气沉丹田”，气要如何沉至丹田，靠的就是一个“松”字，松了，气自然会慢慢下沉，一用拙力，气就虚浮。

练气首要就是要松，松才能沉，沉了，才能凝聚，凝聚了以后，就是守着，不要让它跑掉。气，是靠意念来系守，守着气，照顾着气，好像照顾一个小孩，不能让小孩丢失，所以就得专心一意、凝神安静、恭恭敬敬地守护着它，把气当作宝贝似的看顾，这样它就会乖乖地安住在神殿丹田中，不失不离，永远与你同在。

所以孟子说：“气以直养而无害。”又说：“吾善养吾浩然之气。”气的直养，就是沉守于丹田，让这个气海的容量越深越广，因为永不溢损的缘故，气就更形结实、浑厚，并且富有韧性，充满弹力。

这些论述，都是“老生常谈”，说了再说，反复地重说，目的是将这些观念植入学者的脑海深处，有了这个概念，就能不即不离，时常把气守护着，照顾着，你如果眷顾着它，它就会乖乖地留在你身中，与你同在，功夫行深时，气就收敛入骨，汇聚成内劲。

“内劲”比“气”更深沉，更入里，更有质量，所以手臂提起来总比人更沉重，没有出力，却令人感觉很“沉”。

若自己还感觉不到气的“沉”，只有更努力地深耕修炼。气的部分凝聚，有时是感觉不出来的，但当你感觉到气沉之时，它已是累积到一定的深度、层次了，也就是内劲已逐渐圆满茁壮，此时已然将要成就内家拳的功夫了。

这个时节，很多功夫都会莫名其妙地衍生出来，很多的招法、用法，都将不断地生出，而且能融会贯通。然后，你也能将这个“沉”“内劲”的感觉说与人听，虽然那些初学者或功夫未入流者还是满怀疑惑，满脸不信，但当你手伸出去，他才能真正体会什么是“沉”。当你轻轻发个内劲直贯他体内脏腑，他才能感觉“内劲”的威力与实有，只有实际出手，让他们去感受，才能去除他们的狐疑。若是被试了，也知道了，却仍顽强地口头逞强而不信服，此乃冥顽不化者，此乃极度自慢者，此乃固执又固步自封者，不值与言。

第102章 折 迭

行功心解云：“往复须有折迭，进退须有转换。”

进退须有转换，比较容易理解。进退涵盖前进、后退以及左腾、右闪，在此情况下，必须有转换，要转腰身、换步法，也就是要善于变化虚实，使自己无论是在打拳架或真实搏击时，能保持重心的平衡、中定和灵敏的移步换位，进可攻，退可守，永远立于不败之地。

往复须有折迭，如何解析它真正的意涵？如果只是依文解义，令人看了也是一知半解，似懂非懂，莫知其中奥妙。

往复，就是来来去去，往往返返，周流不息，没有停顿处，没有断续处，没有凹凸处；去又折回，往而复返。

在去又折回、往而复返之中，它的连绵贯串相接之处，自然形成一个“折迭”，恰似折棉被，把它叠起来，棉被虽然有多层，却是层层相叠，相接，相连，还是一个完整的被子，这就是《拳论》所谓的“完整一气”，通过完整一气，而完成一个“整劲”。

有名家解释“折迭”，如是谓：“折迭乃是手臂相沾，互相翻覆，虚实因以转变。俗云‘翻云覆雨’，就是折迭的变相。”

我们来探讨一下“名师”的“释义”是否正确？他说，折迭乃是手臂相沾，意思是说两只手臂互相沾贴着，然后互相翻覆，互相翻来覆去的意思，在翻来覆去之中，虚实因此而得以转换变化，俗话说“翻云覆雨”，这就是折迭的一种变化的相貌。

“名师”如是“释义”，是值得质疑的。

好，现在我们来探究一下：

他说：“折迭乃是手臂相沾，互相翻覆。”手臂相沾，就是粘黏着，有相贴着；既然有相贴着，就不是“折迭”，沾贴在一起，如何去“折迭”？他又说“互相翻覆”，两手臂沾贴在一起，然后在那边翻来翻去，虚实因为这样而转变。翻来覆去谓之转变虚实，道理好像不怎么通，因为翻来覆去，大家都会。一讲，大家都会的就不是功夫，功夫是靠持续的修练与体悟而得，必须有行门的功夫，然后才能有所悟。

用“翻云覆雨”来解释为“折迭的变相”，乃是自己的意识思维，于理似乎不通。翻云覆雨，原意是用来比喻反复无常，也引申做人玩弄手段的高明及极其翻天覆地的做事行为。如今，大师用“翻云覆雨”解释为“折迭的变相”，与折迭原意似有很大的出入。

“名师”如是“释义”，是否符合拳理，似乎尚无人提出不同的论述。但无人异议，并不就表示正确，只是大家都因不懂而落入他的不正见当中而已。

笔者谨以习拳的体会，略述己见供参考。

“折”乃一个东西把它折迭相连，而不是两个东西互沾、互贴，所以谓之“折”。如果是两件东西相贴，是可以谓之“迭”，两个或三个或多个东西，可以迭在一起。既是“迭”，就不须“折”，只要迭着就可以了。所以手臂相沾，谓之“迭”则可，然不可谓之“折”或“折迭”，至此，道理明矣。

在打拳运功时，在反反复复、来来去去的动作中，必须有许多的相连、相接、相迭之处，俗语谓之“重重迭迭”。这相连、相接、相迭的主要目的，是要把外表的肢体动作及内在的气贯串起来而不断离，成为一个完整的劲路，这样，气才能内外互相鼓荡，动作才能协调无间，如行云流水一般，如长江之浪一样，滔滔而不绝。

折迭的目的不只是纯粹的相连、相接、相迭而已，它蕴藏着不为人知的掤劲及暗劲的修炼。

在折迭处，会形成一股极强大的反坐力、反射力，使筋脉拉开着，掤着，然后造成一股自然而成的弹力。久练之后，由于掤劲的沉敛与浑厚，以及筋脉的弹簧之劲的养成，而使发劲能在瞬间快速爆发，去而复返，快速归位，准备下一波的连续攻击。

折迭，必须以意导，气行，在极松之中，去感觉掤处的“沉”。运用折迭，令气、劲一波一波地向前涌去，去而复返，返而又去。气的往往覆覆，有规律有节奏地往返，功夫使久了，蕴藏的内劲，日复一日地累积增长，有一天，当你感觉手一举动，特别的沉重，表示内劲已渗入而敛骨，成就不为人知的暗劲。

折迭处，就像浪涛，一波强胜一波，而且暗潮汹涌。在每个关节处，后浪推动前浪，要需营造一股强烈的阻力，因前浪的阻挡会形成阻力，在肩催肘、肘催手的过程中，自己去营造出阻力，这个阻力就是折迭处的动力。那种阻力的感觉，只有自己能觉知，外行看不出，懂得门道的，看了就会点头。

肢体的折迭，不是像折棉被般的折迭，它只是身体上各个关节的往复伸缩压挤，靠着内部的气与外面空气的挤荡所营造出来的阻力，使各关节因阻力的关系，所产生的推挤而形成的阻力，在一前一后或一左一右及立体回旋所造成的往复压挤，在阻力衔接之关节处，形成折迭。所以这种折迭非是像折棉被一般的重迭相贴黏在一起，只是自己身体各部关节在动作的往复间所营造出来的压缩阻力，也是一种反推挤之暗劲。

折迭就像盒子装着自动弹击的拳击套，枢纽一按，拳击套自动击出，因为接连拳击套的弹簧具有折迭的弹性。身体各部关节的折迭，就像这个弹簧机，在用时能神速地一举而出，因为有折迭而富有弹性的关系。

发劲要有折迭，才能打出绵掌而让人奔跌而出。若无折迭，就像一只硬棒子直戳人家，只能感觉那种力是笨拙僵固的，这种蛮拙之力，缺少虚实变化，打了就打了，不能伸缩自如。

而折迭的绵掌，确能掌控裕如，随心所欲，变化多端，能在听劲懂劲的神妙中，反应而变化虚实，发劲而人不知，当你觉知时，已被打出，却莫名所以，脑筋“锈兜”，一片空白，停顿半响，一时无法回神。

在化劲及接劲时，也是折迭在起作用。如何将对手的来力接化到脚底，需靠着各个关节如弹簧般的折迭伸缩，而化解对方的强势来力，然后反弹回去，完成一个化带打的完美动作势力。所谓连消带打必须藉由折迭的作用才能发挥作用。

一般使拙力的技击，大部分是以招架来阻挡对手的攻击，只有太极拳及等同太极拳的内家拳所拥有的折迭功夫，始能发挥“化即是打”及“连消带打”的功能。

第 103 章　学力而有为

王宗岳先生的《太极拳论》中云："斯技旁门甚多，虽势有区别，概不外乎壮欺弱，慢让快耳。有力打无力，手慢让手快，是皆先天自然之能，非关学力而有为也。"

先来依文解义，翻成白话文。因为有些读者建议说，他看不懂文言文。

王宗岳老前辈说："那些旁门左道的搏技功夫非常的多，虽然他们拳架势法各有差异区别，但大致上不外乎强壮的欺负弱小的，手脚动作慢的输给了动作快的。这些有力气的打败无力气的，以及手脚慢的输给手脚快的，都是先天自然的可能之事，没有关系到因为致力去学习真正的武功而有所成就作为的啊。"

学力而有为，有人依文解义而会错意，误会为"因学习力量而有所成就作为"，真是"失之毫厘，差以千里"，误会大矣。文言文有时文法是前后倒置的，就像英文的倒装句。"学力"，不是学习力量；白话应该译成"力学"，也就是努力以赴，用功学习的意思。

"学力而有为"的意思，就是一门功夫，不是那么简单就能成就的，它得费很长的时间去修炼，去苦其心志，劳其筋骨，运用智慧去悟，认真老实地去练、去参，还要有坚忍不拔的毅力、精神、忍耐最后始克有成。

学力而有为的功夫，概指形意、八卦、太极等内家拳及练法等同于内家的练气、练内劲的体系功夫。这些功夫，非得十年八年不能成就，如果没有宿慧及用心苦练，莫说八年十年，到了老年，仍就是凡夫一个。

内家拳为何难以成就，因为气与劲这些东西，很难体会理解，而且须靠时间去慢慢累积功力，如果不能持之以恒，没有坚刚的恒心、忍力，是难以成就的。而且一般凡夫总想求速成，想一夕成名，往往没有耐性去磨练。

那么，非关学力而有为的功夫有哪些？

“斯技”旁门左道很多，譬如：练蛮力，举重、扶地挺身及其他重力练习，或打沙包、击棍破砖等，或练习跑步、交互蹲跳、练肌力、耐力之属。

为何说这些功夫非关学力而有为？因为这些根本不是功夫，任何凡夫俗子都学得来，并无稀奇可贵微妙之处，只要肯去硬干蛮干，任谁都可练得一身蛮力。所以王宗岳老前辈很早就认定这些旁门左道的“斯技”是非关学力而有为的，而且斯技甚多，不胜枚举，是会令人眼花缭乱的。

如果不是学力而有为，那么，瘦弱者、耄耋者将要如何御众？如何自我防卫？如果不是学力而有为，瘦弱者、耄耋者就不用修练功夫了，遇到不平的事，只能任人欺凌宰割了。如果不是学力而有为，内家拳将无法永续留传下去，大家只要练练力或依恃蛮力而欺人就好了，那样一来，内家之拳术很快就会失传灭绝。

还好，因为内家拳可以因学力而有为，所以，文人雅士、老弱妇孺得以因修练内家拳而强壮身体，成就内劲，而增进自信及胆识与气势，达到自我防卫之目的。

学力而有为，才是真功夫。内家拳若不是经过“学”习，努“力”用心去老实参修，是很难“有”所作“为”的，是无法成就功夫的。所以，因学力而有为所成就的功夫，才是值得珍贵与珍惜的，也因为学力而有为而凸显自己功夫的超拔殊胜与武品的励磨淬炼，而不必与凡俗一般见识。

第 104 章 “引”与“合”

《十三势歌》云：“引进落空合即出，粘连黏随不丢顶。”

“引进落空合即出”，几乎每个练太极推手的人，都能朗朗上口。看起来好像很简单，只要将对手引进来，使他落空，然后打出去。但是这些推手辈们往往忽略了后面那句“粘连黏随不丢顶”。

引进的时候，如何让他落空？落空了又要“合”上，这才是大学问。

如何“引”？如何“合”？里面有很深的功夫，不是口头说说“引进落空”就能“合即出”。

“引”，看起来好像很容易，其实是非常困难的。如何“引”？怎么才能把对方引动，牵动，让他入于彀中？你要引他，他一动也不动，将是如何？听劲好的，你引不动他，他不会轻易中你的计；听劲差的，因为反应迟钝呆滞，无知无觉，无所反应，你也难以引动他；那些顶牛斗力之辈，一搭手就死缠胡打，好像又很难找到有“引”的时机。

练家子，就能善用这个“引”，不管你先动或不动，或死缠烂打，都可以借机藉势把你引进落空，然后将你打跳出去。你明知他在引你，他在设计你，挖一个洞让你跳进去，你还是会乖乖地跳进去，入于他的彀中，就是这么神妙，让人称奇惊叹。

“引”，里面有很深的奥秘，牵涉到“听劲”与“懂劲”的层面，听劲不好，不能懂劲，是无法引动对方的，有时不引还好，一引反而让对手趁虚而入，变成败势。

敌不动的时候怎么办？就来个“敌不动，我不动”，两方僵持着？

敌不动，如何让他动？里面牵连到虚实变化的微细功夫。敌不动，我就是能让他动，虚招一引，他必然会有所反应，一有动，即可从他的动中去探究虚实，去“听”他的动向，他虚我就实打，他实我就变虚，在虚虚实实当中去寻求变化反应。听劲好的人，懂劲的人，就知道怎么打，怎么应对变化，怎么在虚实当中去讨消息。他如果化，我就顺势打，他如果顶，我就虚落一下，引他进来，再打。

敌一动也不动之时，如何引动他？只要轻轻出手按他，或稍微用暗劲按他，按时会有一个反射动作出来，你用劲一按，他的身体会往前倾，也就是会向我的方向倾过来，这是其中的一种“引”，也是较难的一种“引”。这里面是有功夫的，按的时候如何让对方身体倾过来，被我“引”进来，这牵涉到用“劲”的技巧，这个“劲”打出去，劲道的强弱与快慢，他的节奏及流畅度，都会使“引”的动作产生不同的机制。

会“引”的人，“引”过来，刚刚好，引过来刚好被我打，一丝一毫也不差，就是这么神奇。

引进落空后，还有“合”，“合”就是贯连接上的意思。如何“合”得恰分，如何“合”得恰到好处，都是技巧。引进来，如果没有很好的“合”，这个发劲依然不能起作用，不是打空就是有“顶”的成分，有“顶”就是“拙力”，拙力就不能省力，不能发出弹簧般的巧劲，不能算是会发劲的人。

这个“引”进落空的“合”，更含摄了极高度的听劲与懂劲，没有懂劲，就“合”不密，“合”不到位。

时间和空间都要掌握到精密准确，才能“合”到，才能合即出；快一丝，慢一毫，都将失去发劲的机势，只能变成挨打的“败家子”。

引进落空合即出，下面还有一句“粘连黏随不丢顶”。引进了，还要粘黏着，还要连随着，有了粘黏与连随，才能“合”到位。但是，这边还有更深度的说法，因为拳法无定法，引进的时候，却不一定是都要粘黏到对方的。虽然当中没有粘黏，但对方的动作依然是在时空的控制与节奏律动的掌握当中，这并不算是一种“断”劲，不算是“丢”。而且这功夫算是更高度深广的，因为已然摆脱了一般的平常固式的功夫层面，进入了深不可测的神妙境界。

所谓“不丢”，并不是死死地缠黏着对方，在连随当中就算是有了隙缝，但只要对方的律动节奏依然在掌控当中，可以随时随意地绵接而上，这并不算是“丢”的。好像很少听到这种论述，但事实上，高手是能够达成这样的境界功夫的。

“顶”，也不一定全是用力死顶，或顽抗。在引进落空时，如果接合时，时间与空间不顺搭，快了半拍，就算是有“顶”的成分在内了，这是比较广义的说法。所以，“顶”并不是指有形的抗拒与顶力，在听劲不敏的情况下，往往就会有“顶”的情形，只是自己没有察觉这细微的动作而已。

再说“合即出”。“合”与“出”是一体的，不是二分法，不是两个东西，不是两个动作，如果是“合”了再“出”，中间有所分离、断续，就谈不上完美的发劲，也就是说，他没有发中那个劲。

“合”与“出”，虽然是有“蓄劲”与“发劲”两个动作，两个作用，但它是连贯而不分离的，所以“合即出”是一拍，是一个动作，同时同步完成。这样，才不会牵连到“丢”与“顶”两个败阙。

“合即出”，又牵涉到折迭的问题，以及弹簧劲的问题。会发劲的人，知道借着折迭的弹劲，省力地将对手打跌奔放出去，这才是真正的“合即出”。

如果还在那边靠着满身蛮力，使出吃奶之力才将人“推出去”，都还不算是功夫。

折迭又牵涉到下盘的桩功、手的掤劲，以及不为人知的气的折迭。说到气的折迭，层次更深细了，不是一般人所能理解，说了也是白说，只能心授默传。

在散打时，“引”的用法更深更广。你虚晃一下，对方就会举手来招架，你如果会“粘连黏随”，他就是你的，借着听劲，可将对手玩控于掌中。

双手粘黏着对方，突然一松一放，就可轻易引动对方，使他的手随着引动的方向而牵动。在散打这边的引，不一定是全然的引进，有时是引上或引下，或左或右，随心所欲。

高手的“引”，是千变万化的，让你捉摸不定，虚虚实实，假假真真，虚中有实，实中有虚，假中有真，真中又可变假，使你如坠入五里雾中，搞不清方向，只能被牵着鼻子走，只有挨打的份。

第 105 章 快何能焉

王宗岳先生的《太极拳论》很长的，刚好有读者问到如下问题，就以此问题而申论之。

“一羽不能加，蝇虫不能落；人不知我，我独知人，英雄所向无敌，盖皆由此而及也。”

“一羽不能加，蝇虫不能落”，是在讲推手听劲的灵敏。太极拳在推手或实战时，需极度的轻灵，不能让对方有丝毫的力量加到自己的身上来，也就是不能让对方有着力点，因为有了着力点，就容易被借势打出；若无着力点，他就会打空，好像打到空气，空无一物，变成一记空包弹，无法产生作用。

相传以前杨露禅先生能使一只小鸟置于掌心飞脱不起来，因为鸟在起飞前，须微向下一沉一蹲，才能借力借势一跃而飞起，但杨露禅先生的听劲感应灵敏，当小鸟微蹲之时，他掌心比鸟更沉，使小鸟无法借力而飞起来。这就是“一羽不能加，蝇虫不能落”的听劲功夫。

由于有此种“一羽不能加，蝇虫不能落”的灵敏听劲，所以可以达到“人不知我，我独知人”的境界。因为对方出手时力道的轻重、方向与速度全在掌控之中，所以说“英雄所向无敌，盖皆由此而及也”。也就是说一个功夫好的人，可以所向无敌，这完全是由于听劲、懂劲功夫已臻上乘的关系。这边所称的“英雄”是指太极拳功夫好而能所向无敌的人，不是通常所称的有大功勋为人所崇敬的英雄人物。

“斯技旁门甚多，虽势有区别，概不外乎壮欺弱，慢让快耳。有力打无力，手慢让手快，是皆先天自然之能，非关学力而有为也。”

这边所述是说那些旁门左道的拳术，虽然练法及招式不同，但是都不外乎壮欺弱、慢让快而已；有力的打无力的，手慢的让给了手快的，这都是先天自然之能事，没有关系到因为学习用功努力而有所成就作为的。学力而有为，是文言文的倒装句，以白话讲就是“力学”，也就是努力学习修炼之意。

学力而有为，笔者有专文论述，不再赘述。

“察四两拨千斤之句，显非力胜；观耄耋能御众之形，快何能焉！”

四两拨千斤这句话的意义，是以巧劲走化，化打合一而取胜，不是以蛮力取胜。我们看看那些七八十岁的有功夫的太极拳老前辈们，他们在年老体力薄弱的情况下而能抵御众多的彪形大汉，都是因为练就了内劲及借力打力的懂劲技击功夫，不是因为“快”而能致之的。因为年老了，那先天的快的动作是会减缓的，之所以能致胜的原因，完全在于听劲、懂劲、走化及浑厚的内劲的关系。

有人认为：“快”应更正为“壮”字，其所持之理由为：原文为“快何能为”，认为与上文的“概不外乎壮欺弱，慢让快耳”与“耄耋御众”对比，当为“壮何能为”而非“快何能为”。

愚意则不如是认为，那纯是个人一己的认知，因为王宗岳先生在文中，已经明示四两拨千斤显非力胜，不会再重复地说：“耄耋能御众之形‘壮’何能焉？”因为前文已述及，壮欺弱，慢让快，皆先天自然之能，非关学力而有为的。不会再说“观耄耋能御众之形，‘壮’何能焉”，所以原文所载的“快”是正确的。若要强谓为“壮何能为”，显然有些画蛇添足了。

本文主题，在于申论“快何能焉”。

一般人对于拳术都有一种直接的概念，以为出拳快速，就是制胜的机制，只有王宗岳能说出“快何能焉”的超卓之语，他认为“快”，不是制胜的唯一原因，因为“快”只是拳先到达，但到达不一定是发中了劲，在时间上虽然争取到“得机”点，但这拳的劲道是有所变化的，它有时会被消解，会被化掉，它有时在空间上会被反占上风，也就是失势。所以二者的拳同时到达时，是“得势”的人取得先机，虽然在时间上他好像慢了一些，但在拳劲到位时，却能“后发先到”的命中对手，使之奔跌出去。这是太极拳的奥妙之处，是一种难思难议的境界，是凡俗所无法理解的。

如果“快”是制胜的唯一原因，那么王宗岳先生就不会说：“耄耋能御众之形，快何能焉。”因为七八十岁的老者，全是凭借四两拨千斤，借力使力，连消带打，化打合一，听劲懂劲的高深功力，才能“后发先到”，而且不是以蛮力取胜。老人何来蛮力，力，是会随着年龄的老化而退减，但内劲的成就是不容易退失的。

外形的“快”，并不是真正的功夫，凡夫也可以练就的，只要肯每天挥拳练习，就能做到快速地出拳。所以王宗岳先生才说：“有力打无力，手慢让手快，是皆先天自然之能，非关学力而有为也。”他说手快有力是先天自然之事，没有关系到应用心智去领悟参学而对内劲及懂劲、化劲等功夫而有所成就的。

常听人说：“天下武功，唯快不破。”意思是说不论什么武功都有破着，只有快没有人能破它，也就是说，只有“快”是没有破招的，崇尚“快”是最好的招法。

这种说法也对，也不对。如果是距离加速度的快，就是王宗岳先生所说的“快何能焉”，蛮力的“快”，遇到太极高手，还是有破，非“不破”。何以故？因为如上所说，在空间上，蛮力的“快”会被消解，会被化劲所消，而且会被连消回打，而反处于败势。所以这里说“唯快不破”不一定是对的。

能出手慢而快到位，能以静制动，能“彼不动，我不动；彼微动，我先到”，这才是真正的“快”，才是真正名副其实的“唯快不破”。

那么，回过头来说，有人认为的“快”应更正为“壮”字，读者之见，以为如何？

第 106 章　太极拳的内涵

在公园或学校或某些活动中心，常常看见有人在打太极拳，那种很慢的招式动作，到底蕴藏着哪些奥妙与玄机？一般人是不容易理解的。

太极拳难道只是一种养生运动而已吗？太极拳到底是不是一种武术呢？

太极拳当然是一种武术，而且是一门极高深广妙的武术。它除了健康养生之外，还兼具技击的效果与作用。只是现在练太极拳的人都偏向养生，对于它的技击功夫反而未予重视。说真实一点，练太极拳，学到真功夫的人越来越少，有濒临失传之虞了。

太极拳到底在练什么呢？如果要细说，是无法一言道尽的，所以只能概略而说。

太极拳的内容，大抵分为两部分：一为“体”，二为“用”。

“体”，是指功体。功体大略分为三部分：

一、桩功

通过站桩成就下盘的稳固；下盘的桩，是发劲所必备的条件之一，因为发劲时必须通过气的凝聚与打桩，才能完整一气地发出一道整劲。

二、手的掤劲

通过桩功、基本功与拳架的锻炼，将手臂松柔的提领与气的灌注而成就手的掤劲。手的掤劲也是发劲所必备的条件之一，脚到手到，上下相随，发劲才能贯串完整。

三、气劲的聚集与储藏

通过运气呼吸吐呐，使气在体内鼓荡，激动内脏，不仅可以强化内脏功能，也能使气沉敛于丹田及身体各部，日久，这股累积的气凝聚沉淀于筋脉骨髓之内，汇聚成为“内劲”。或许有人以为这是神话，兹引经据典为证。《行功心解》云：“以心行气，务令沉着，乃能收敛入骨。”“行气如九曲珠，无往不利；运劲如百炼钢，无坚不摧。”“先在心，后在身。腹松，气敛入骨。”“牵动往来，气贴背，敛入脊骨。”又，《十三势歌》云：“刻刻留心在腰间，腹内松净气腾然。”又，王宗岳的《太极拳论》云：“虚灵顶劲，气沉丹田。”这些都是阐述气与劲的佐证。如果再不相信有内劲这个东西，那就是愚痴之人，不可与言。

“用”，是指技击功夫，太极拳的“用”涵盖推手与实战。推手与实战，是运用粘连黏随的听劲技巧，及太极八法（掤、捋、挤、按、采、挒、肘、靠）的灵活运作，而达到技击的效果。

所以，太极拳不只是用来表演或健身而已，它本身就是一种武术，所以才称之为“拳”，而不称为气功或体操之类的。

内家三拳，形意、八卦、太极，虽然招式不一，外型练法有别，但内涵是相同的，是殊途同归的，最终都会练出浑厚的内劲。

太极拳的练习顺序，是先练功体，成就内劲，并练用法，完成听劲及懂劲的技击功夫，这才是全方位的太极拳。若只会打打拳架，养生健康的，只能称为“太极操”或“太极气功”，不能称之为“太极拳”。因为太极拳必须涵盖技击武功在内，只有练出内劲功体及懂劲的技击功夫，始能称之为“太极拳”。

第107章 文人式的太极

本文纯属因某部分人士对太极拳的错误观念而作论述，并无贬低文人雅士之意，故先说明。

所谓的文人式的太极，崇尚文雅，无论拳架或推手，都是文绉绉的，不屑于强悍的发劲或格斗武技，认为那是蛮夫行径。

文人式的太极，在拳架的练习上，主张轻松地练，把“松”的定义误解为轻松或懈怠、懈漫，误认唯有“轻松”才能使气血舒畅，才能成就太极的内劲及更深层的功夫。

事实上，“松”的真义，并非全在“轻松”上面着墨。松，是练拳的一个原则，但若流于懈漫、懈怠不着意的“松”，流于“体操式”的松，就会枉费功夫，到老一场空，因为他只练“拳”，不练“功”。

练拳不练功，到老一场空。这种“体操式”的松，非是“真松”，只能养养生，柔软筋骨而已。

所谓“功”，包含：

桩功。下盘筑基之功，发劲的基础。

气功。善养丹田之气。

掤劲之功。如海水有乘载、吞纳之功。此三功在我的论述文章中时常提及，不再赘述。

练拳还有二争力的滚荡、阻力的模拟、蹬劲暗劲之思维、撞劲以及气沉等之修炼，不是只有局限于“体操式”的松柔。“体操式”的松柔，绝对无法成就太极拳的内劲及发劲的功夫，在真正实战格斗时，只有挨打的份，毫无招架之余地。现今太极拳之所以被讥为“老人拳”“文人拳”或“豆腐拳”，肇始于这些“文人式”的太极拳崇尚者。

话说一代宗师杨露禅老前辈，当年在京城教那些王子哥儿们太极拳，那些王公王子们为何成就功夫者那么少？症结除了他们悟力不够之外，就是怕吃苦，只喜欢轻松地练，在错误的观念中，他们认为他们的身份是高雅的，不应该与粗俗的武夫同流，他们误认太极拳若不文雅，将同流于粗暴的武斗行径。

杨露禅老前辈或许因此之故，无法也不愿意将太极的真功夫传授给那些王公贵族们。

“文人式”的推手，主张走化式的打法，对于较高层次的“接劲”或运用“掤劲”等的化打用法，误认是“着力”与“顶抗”，他们误会只有“走化”才符合拳论的“舍己从人”“一羽不能加”。

当然“舍己从人”“一羽不能加”是正确的，但是技击在应用时，不能只是走化防守，那都是挨打的架子，要能化打合一，连消带打，才是制胜的因素。

“接劲”，是比较高层次的功夫。你的下盘桩功没有成就，无法引力下沉，没有办法“接劲”；你的“掤劲”没有成就，无法乘载排山倒海的来力，无法吞纳对方的强势。如果你只会走化，走化了之后，对方还会顺势再打，你将化到何时？

若能“接劲”，接了之后，反弹回打，借力使力，才算高着。不懂的人，误会“接劲”含有顶撞成分，其实那是自然的反弹回打，一种听劲灵敏的自然反射作用，唯有高水平的功夫，才能使得出来，但却被“文人式”者误会为有顶的成分，真是……

拳架部分，要求开展，筋要拉开，肩肘要坠沉，腰要拧，胯要落，气要凝，膝不塌，两足运用暗劲不使拙力的前撑后蹬，每一举手投足，均有陆地游泳的阻力产生。所以练太极拳不是轻松的事。若只求轻松，就去练柔软体操，或许能更有美姿美感。若只想在轻松中成就太极真功夫，未之有也。

若误解太极是文人式的，若误解太极的实战是蛮夫的行径，是不懂得太极拳的真髓，是太极拳最大的贬抑者，是阻碍太极拳发展的原罪者。

太极拳是温文儒雅的，没错，但它的内里蕴藏着无穷的生命契机与活泼的灵魂；它的外表虽是温文儒雅的，但内里的行气运功却是暗潮汹涌、澎湃激昂的。太极拳是一种武术，不只是养生健康的运动，它涵盖着武术技击的高度艺术。太极拳不只是止于玩玩推手而已，它是能实战、格斗、自我防卫的高水平、高层次、高格调的拳术。

武术不外防守与攻击，若是只能防守而无法发挥攻击的机能，就不能“止戈”，就不能称之为“武”术，所以不能存有武术是一种粗略、粗犷的攻击行为，若是不能防卫自己，而只耽于外表的温文儒雅，到头来，被打得一副抱头鼠窜、鼻青脸肿、狼狈不堪的糗相，看谁还能温雅得起来？

太极，柔中有刚，刚中寓柔，刚柔并蓄。若是太在意外表的形象，而忽略了太极真正的内涵，漠视太极的实战功能，只能称之为太极的门外汉。

太极不只外层的温儒、彬雅，还有内里的雄壮、威武，以及在技击上的豪势霸气，充分显示出太极的文武兼并，阴阳相合，虚实互变，体用双修。

一般的打架，是粗俗、粗暴的，因为只有怒气及蛮暴之力，只有伤人之意。太极的技击，含有高深的武艺内涵，在实战时是沉稳而镇定的，是不怒而威的，是以久练而成的内劲及懂劲功夫，应用于攻守之中，达到自我保护防卫的效用。不是练力练速度，不是以有力打无力，不是手慢让手快的。王宗岳老前辈说："斯技旁门甚多，虽势有区别，概不外乎壮欺弱，慢让快耳。有力打无力，手慢让手快，是皆先天自然之能，非关学力而有为也。"又说："察四两拨千斤之句，显非力胜；观耄耋能御众之形，快何能焉！"太极的致用，是"力学"而"有为"，是通过长时间的累积功力与智慧的结晶，又岂是区区的练练肌力、耐力，以及旁门左道的"非关学力而有为"的"斯技"所可比拟。

所以，如果只顾外形上的文雅，而缺乏内在应有的功体，以及在较技时所应含蕴的格斗实战攻防艺法，就像缺了一只脚的猫，永远无法成就太极拳全方位的武功。

第108章　太极拳要不要练气

修炼太极拳到底要不要练气，网络上争论不少，人言言殊，各有见解，各持己见，就像两条并行线，永远没有交集点。

如果见解不同，而能各自表述，互相尊重，则不伤和气。

太极拳确实是需要练气的。引述如下：

《拳经》云："气宜鼓荡，神宜内敛。"气的鼓荡分为内与外。内，指藉由呼吸吐纳，促使横膈膜上下压缩，振荡内脏，使五脏六腑得到运动与温养，达到强化内脏的作用，使体内气机活化，激发脏腑功能；内脏强壮，外表的肢体肌肤容颜才能焕发。外，指外面的空气。体中之内气要与外面的空气互相摩荡，产生一道道的阻力暗劲，藉由内外气之摩荡，产生往复折迭的圆弧回旋力，也藉由下盘桩功的稳固，而成就借力省力的机制。

内外之气要能鼓荡，当然得通过练气阶段才能成就，所以太极拳是要练气的。

《拳经》又云："其根在脚，发于腿，主宰于腰，形于手指；由脚而腿而腰，总须完整一气。"这是说太极拳无论是练拳架或推手或实战时，它的行功或发劲，原则上都要由脚而腿而腰，完整一气的。完整一气的说法涵盖肢体的完整与气的完整，若气不完整，则身便散乱，不能得机得势，就不能称之为完整一气。

所以，欲得完整一气，只有通过练气，才能驱使驾驭自己的气，使之内外相合，而得完整一气。

王宗岳先生的《拳论》中说："虚灵顶劲，气沉丹田。"气，经由意念的导引，可以下沉于丹田；意守丹田则气沉丹田。丹田又称气海，是聚集内气的地方，丹田如大海，可以聚气而不溢损，丹田气足能形成厚韧的气囊，可以抗打击，可以承接消化重力的冲击，这个气囊富有弹力，功夫深的人，可以达到化打一致境界。

气既需经由意念导引才能沉于丹田，所以，太极拳是要练气的。

《行功心解》云："以心行气，务令沉着，乃能收敛入骨；以气运身，务令顺遂，乃能便利从心。"以心行气，以气运身，当然是指以心思意念去行功运气，是毋庸置疑，不必多做解释。行气时还得沉着，沉着后才能收敛入骨，敛入骨髓筋脉之中，凝聚成不为人知、不为人信的内劲。说到内劲，很多人打死也不相信有内劲这个东西，因为他没有去接触，没有去练，所以不相信有内劲这个功夫，而误以为内劲就是肌肉的强化爆发力，所以就一直练力，练肌力，练肌耐力，练机械式的速度，以为这就是内劲。其实这些就是王宗岳老前辈所说的"斯技旁门甚多"的"斯技"！

《行功心解》又云："行气如九曲珠，无往不利。运劲如百炼钢，无坚不摧。"行气如九曲珠就是气遍身躯之谓。气遍周身，才能无往不利。只有通过练气，才能气遍周身，才能无往不利。

运劲如百炼钢，无坚不摧。这边说到"劲"就同千锤百炼的金钢，金钢是无坚不摧的，内劲好比无坚不摧的金钢，岂是那些练力、练肌力、练肌耐力、练机械式的速度，而误以为是内劲者所可比拟，真是天地悬殊，千差万别。真是所谓差之毫厘，谬以千里。

《行功心解》又云："蓄劲如开弓，发劲如放箭。"蓄劲拉弓，是要行气的，不是靠蛮力而为，所以谓之“蓄劲”，而不谓“蓄力”，道理明矣！发劲如放箭，是疾速不拖泥带水的，使力则是僵滞呆板而无弹力的。发劲如迅雷不及掩耳，意到、气到、劲到，同时同步到达，始可谓之“如放箭”。

《行功心解》又云：“气以直养而无害，劲以曲蓄而有余。”气越养越饱满充实，是有益而无害的。气的直养，当然不外乎以心行气，气沉丹田，养气当然也在练气的范畴中。气经直养，凝聚，内敛，汇集成内劲，这个内劲是曲蓄而有余的。曲蓄而有余，意思是说内劲是有弹性的，可伸可缩，可蓄可放，在发劲放劲后，它还有储备蓄存的原动力，源源不绝，可以用之不尽，所以谓之曲蓄而有余。劲的曲蓄有余，靠气的直养累积而敛入，这都得靠练气而成就。

《行功心解》又云：“心为令，气为旗……先求开展，后求紧凑。乃可臻于缜密矣。”以心念为主帅，引导气之流行，这就是以心行气、以气运身的意思，也是说明了练气的原则。先求开展，后求紧凑，行气运功先求开展，练气要深长细慢匀，筋脉才能开放舒展，气才能通达筋脉之中凝聚成劲；成就内劲后在技击实用时才能紧凑疾速，快而不乱，瞬间爆发到位，命中目标。经过气的修炼，经由开展、紧凑阶段，就可达于细密完美无瑕的境地。

《行功心解》又曰：“先在心，后在身。腹松，气敛入骨，神舒体静，刻刻在心。”意思是说练气要以心为先，以意念为主导，然后再把气运到身体。身体松净了，气就会敛入骨髓筋脉之内，形成内劲。这里说到练气的方法，就是松腹，腹部丹田包括全身都需松透，才能使气敛入筋骨之内，也只有松才能神舒体静；神舒体静，才能行气运身。太极拳讲求松，气敛入骨，劲的成就曲蓄而有余，在这里可以得到印证，绝不是练蛮力而可成就内劲的。

刻刻在心，无时无刻的，用心、意守，守着气，意守于丹田，使气凝聚，这不是练气是什么？

《行功心解》又曰："牵动往来，气贴背，敛入脊骨。"牵动往来就是运气的意思，将体内之气往来运行，在吸气蓄劲时，将气运至背脊，使它服贴于背部，然后敛入脊骨内部深层。这里是指以逆式呼吸法行功运气，使气经督脉上行，循任脉下行而沉于丹田。这也是练气的动作和方法。

《行功心解》又曰："迈步如猫行，运劲如抽丝。"迈步包含前进后退及左右腾移。要迈步如猫行，当然要引气入于涌泉下盘，使桩根稳固，然后身形才能如猫行般轻灵巧妙；运劲如抽丝，这里又说到"劲"，所以可知劲是实有的；运劲要像抽丝一样，将气运于手足全身，源源不绝。

《行功心解》又曰："劲似松非松，将展未展，劲断意不断。"这儿说到意、气、劲的练法，在行气运劲之时，需似松非松。所谓"似松非松"，不是松懈无物，软趴趴的，也不是僵直硬滞的，它是柔中带刚，刚中有柔，刚柔并蓄的。劲本来就是灵活机动而富有弹性的，是蓄势待发的，可以蓄而不发，也可以实时引爆，故曰"将展未展"。"劲断"是指蓄而不发之时，也是蓄势待发之时，此时，意不可断，不可没有意念的存在。因为有了意，就有气，就有劲，所以要刻刻在心，要刻刻留心在腰间。这个"腰间"是指丹田之部位，要时时刻刻，意守丹田，气沉丹田。

《十三势歌》云："刻刻留心在腰间，腹内松净气腾然。"刻刻留心在腰间，上段已叙，不再赘述。腹内松净气腾然，腹内松净是指丹田及周身要松得很彻底干净，不能存有丝毫拙力，若是鼓气努力式地做硬气功，则违反练气原则，没有办法使气腾然起来；气不腾然，就不能敛气入骨，就不能成就内劲。

《十三势歌》又云："若言体用何为准，意气君来骨肉臣。"说到太极拳的体用，是用什么来做标准？意与气是君王，肢体与肌肉是臣子。君王与臣子相差何止千万里，一个是上，一个是下。用意念来行功运气的练气做法才是君王，余者为臣子。在太极的领域来说，是以意、气为先，为先驱主导，不是崇尚骨肉的肤浅表层功夫。

《太极体用》歌云："浩然气能行乎手……不化自化走自走……身似行云安用手，浑身是手手非手……"练太极若能练至浩然之气充沛全身，也就能行于手，用来发劲放劲。由于听劲的灵敏，可以感觉气的磁场，感受气的流向、磁场的压力与来势的大小，做出适当的走化，所以能达到不化自化、不走自走的境界，能够自然反应，随机应变，化打一气。

浩然之气能行乎手及周身时，因为全身充满气感，就像行云流水一般，任运自然，到这个境界，在技击实用时，全身每个部位都可当作手，对方接触到哪里，就可以由哪里做出应化及连消带打的发劲动作，这时无论走化、接劲、放劲，周身都可以为之，不必一定用到手，这就是浑身是手，手非手，达于身似行云安用手的玄妙境界。

以上所述皆是引用太极拳之重要经典而叙，从来修炼太极者，莫不以这些经典作为依循。

若练太极而主张不用练气，甚至公然持反对论调，皆是太极拳的门外汉，都是王宗岳先生所说的"旁门斯技"之属，不是修炼太极之人，都是站在关公门外舞大刀的无智之辈，难与对话。

第 109 章 内三合与外三合

形意拳初始之名曰“心意六合拳”，之后改为“形意拳”“意拳”“大成拳”。形意拳以内在的心意为主导，配合外在的形体，即外形内意之意，又简称为意拳，以意为重，形次之。形意拳，十年大成，故有人称之为大成拳。

形意之六合，内有三合，外亦三合，合之为六。以前的说法，内三合是指“心与意合，意与气合，气与劲合”；外三合为“肩与胯合，肘与膝合，手与脚合”。

这个说法由来已久，古人如是说，后人如是学，其实还有值得琢磨处。心与意原是同一意思，所以“心与意合”似有重叠，如果说“意、气、劲相合，谓之内三合”似乎比较简洁而明白。

外三合的“肩与胯合，肘与膝合，手与脚合”，此说更有琢磨余地，愚意以为这种说，是死法，是机械法，是僵固法。

在拳架与技击立场而言，若固执坚守这个死法，拳路将会被拘泥，被局限。拳法的运用原本是灵敏而机动变化的，不宜被牢套。此说，只是一个原则性，只要不离原则，应可灵活变化，因为手与脚不可能永远相合，否则就变成了机械人。

我有一说：外三合，乃步法、身法、手法三者相合。在发劲时，步法、身法、手法必须相合，配合意、气、劲内三合，才能完整一气，完成一个整劲。

步法须配合桩功，若是基桩没有成就，下盘无根，打桩无力，就无法做到外三合。

身法主导于腰，丹田之气必须凝聚饱满充实而富有弹力，才能灵活弹抖，如苍龙抖甲一般。腰的弹抖，还得靠桩功的沉稳入地，才不会稀稀垮垮、零零落落的。

手法必须掤而不僵，松而不浮，沉而不顽，外柔内刚，刚柔并蓄。手如果僵直使蛮力，将自我阻碍劲道的出路，被自己的顽力所缚，无法“后发先到”。

之所以能“后发先到”，乃因内外六合同时、同步，意、气、劲、步、身、手同时同步到位，内外相合，完整一气，加上听劲的灵敏与如神般的反应，才能有“后发先到”的效果。

“合”就是“整”，故有“整合”之辞。《太极拳论》云：“其根在脚，发于腿，主宰于腰，形于手指；由脚而腿而腰，总须完整一气。”此语已涵盖内三合与外三合。

内家拳三拳，形意、太极、八卦，招式练法各异，内涵相同，理论也有异曲同工之妙。

第 110 章　练拳与毅力

12 月，天气冷飕飕，运动的人，显然少了很多。

各种运动，很多人都是随兴而为的，身体及精神状况良好时就多运动一些；精神不济懒散时就懈怠一些。有些人是因为有病，勉强出来运动。所以运动对他们来说，好像可有可无，在生活中，不是挺重要的事，没有占到很重要的地位。

练拳的人，几乎也是如此，不同的是，交了学费而没去练，感觉有些吃亏。在有些练拳人的观念中，认为缺几堂课无关紧要，下次去补回来就好。

凡夫几乎都有惰性，以为缺一次课没有关系，岂知有一就有二，有二就有三，缺课就会变成稀松平常的事，老师除了鼓励性的话之外，也不便说什么。一个道场的凝聚力就结集不起来，最后，吃亏的还是学生自己。

上课时间，老师会讲一些实际理论的东西，你缺一次课，就会少听到一些，一次少一些，累积下来就会少很多。有时刚好讲到非常重要的部分，你没听到，损失是很大的，这与学费的损失是不能相比拟的。

内家拳的成就非易，千百人之中，难得一人有成就，没有坚忍不拔的毅力、意志力，以及卓绝的斗志，无法得到内家拳的真髓。为何如此说呢？因为：

第一，内家拳必须长期地累积功体，每日积蓄功力，所以每天都要练拳，而且最少要练两个小时以上。一个学生如果常常缺课，那么他在自己的时间里，自我练习的机率也不会很大，也将会变成随兴而练之类型，所以，功夫绝对无法成就。

第二，老师要传授功夫给学生，当然也要看学生学习的态度，一个不认真老实练拳的学生，即使老师有心想要栽培，只怕也将因学生的懒散而力不从心，这并非老师想教不想教的问题，而是学生想学不想学的问题。

想起我们当初练拳，每天总是提早一个钟头到达，老师来时，我们已经练得满地都是汗水。知道师伯辈们的功夫了得，总是找时间缠着他们请教，挖宝哪里嫌多，就这样这个师伯这边得一点，那个师伯那边得一点，是这样来累积功夫的。哪像现在的学生，上课总是姗姗来迟，都是老师先到场等学生，真是天地颠倒。

一位美国篮球健将来台湾访问，记者问："你成功的因素是什么?"答曰："坚持。"坚持，确是成功的要素，做任何事情，都必须坚持到底，坚持到成功的那一刻。练功夫，则是要永远的坚持，功夫成就以后，还要一直坚持下去，因为功夫是无止境的，如果停滞了，就无法再百尺竿头更进一步。

仅以肺腑之言，提供给真正想要练功夫的人做参考。

第 111 章 借 力

拳术在应用时，大家都会讲借力使力或四两拨千斤之类的。但如果对方没有来势、来力时，当如何借力?

借力有三种。第一种，是对方有来势、来力，借对方之力而使力，四两拨千斤。第二种，借地或借物之力，站着借地之力，坐着借椅之力，躺着借床或地之力。第三种，借自己之势、之力。今天要论述的是“借己之力”，然而，借己之力免不了要牵涉到借地及借物之力。

借己之力，在练拳架之时，可以自己暗中虚拟。譬如，形意的劈拳，向下拔按再钻出这个动作，须作意在腿腰以暗劲借内气之催动拔按向下向后坐，全身重量及气，下沉引至后脚跟，此时，意不断，气不断，劲不断，连绵贯串，完整一气地使气在深沉于脚底时，所自然产生反挫回弹之巧劲，顺势反弹。这个动作，除了借自己脚跟、腿腰、脊肩、肘手之力，还有阻力与势力，以及最重要的由自己所营造出来的向心力与离心力。

借力，是藉由下盘脚跟的引动，使身体形成一个立体圆弧，这个圆弧有来势与去势，这个来去就叫作“往复”，也就是《行功心解》中所谓的“‘往复’须有折迭”的那个“往复”；在圆弧的往复中，形成一个圆弧的折迭，从自己下盘脚跟所引动的向心力，营造出漩涡似的回旋离心力，这种离心力才能快速、利落、Q 脆、干净而不拖泥带水，打出去才能打到对方的根，才能拔除撼动对方的根，唯有如此才能使对方奔跌而出，这样才是真正的会放劲的人。

在太极拳里面，每个动作的衔接处都有这样的打法，都有往复折迭，都有圆弧来去回旋，都有向心力与离心力，都有暗潮汹涌的阻力、二争力及互相抗衡的拧裹之劲，错综复杂中自有规矩圆融，形成一幅多彩多姿、内涵精彩丰富的赏心悦目画面，不是那些只会比手划脚、装模作样的太极操所可比拟。

八卦掌之中，更多的摆扣回旋，若缺乏这些丰富的内涵，那就会变成歌仔戏式的八卦，空洞而乏味。

在推手及更高层次的散打中，还是离不开这些内涵，只是很难用言语文字表达，所以只能口传心授。要学得这些较高深的功夫，只能找个明师，好好学，绝对无法从书本、光盘录像带中学到这些深奥玄妙的功夫。

说到速度，借力而产生的立体圆弧之速，绝不逊于直线的拙力。因拙力是蛮横、僵拙、呆滞、硬梆梆的，而且它的力向只是直线的，不是回旋借力的 2 倍速。

某些技法的防守是直来横挡，横来直架，总是在招招架架之中局囿于机械公式范畴内，较难有生机活泼的虚实变化，难从虚实变化中取得时空的机势，也就是说难以得机得势。机是时间，势是空间，失去了时空机制，就是挨打的架子。

一拳打出去，如果只是直来直去的，它的力道只有 1，从施力点到打击点，是一条直线，力道的质量是 1。也许有人会说，两点最短的距离就是直线，这表面看起来似乎成理，但直线所发出去的劲道，并不是最快速，也不是最有力的。唯有藉由下盘的根桩及腿腰的灵活机制，所引动的闪电式的回旋离心力，才是撞击式的最威猛之力，是一种排山倒海之势力，是一种浪卷千丈的拍岸力道，是浩瀚雄壮而震撼的惊悚贯穿势力。它的质量力道以及威猛的速度，与那些单调直往的打击方式是难以比量、比拟的。这种回旋圆弧折迭的打击法，蕴藏了不为人知的借力神妙武功内涵。

形意的崩拳、太极的搬拦捶，它们的打法，都含蓄着腰的转折，通过下盘桩功的暗劲驱动，及丹田内气的滚荡，令腰形成一个快速如苍龙抖甲般的圆弧回旋折迭，引动手的反弹之劲，奔放而出，这样才是真正的发劲，疾速、冷脆，如迅雷不及掩耳。这只是举例，其实任何拳式的攻击，都是必须如此的，在防守、化接的应用中，也是必须如此，都是同样的道理。

借力是省力的原则，借力使力并不局限于对手有来力可借。在无来力来势可借时，在不能引动对方有来力时，只有借己之力，藉由自己的内在整劲所营造的向心力，向外围发展圆弧折迭的回旋离心力，才是会使力的行家。

第112章 打 桩

当年，去参观麦寮六轻，看到壮观的打桩工程。六轻是填海造厂，所以建厂时要打很多很深的地桩。每一个桩打下去，发出的巨响，真是惊天动地，响彻云霄，骇撼心澈。

打桩这个名词，少人论述。关于发劲的论述，顶多只会说到“借地之力”“借力使力”之类。因为一般的武术，讲究“桩功”的不多，甚至有些人贬抑站桩，认为那是死法，误会“桩功”只是固定、死死地定在那里，有不屑桩功之态势。

其实，桩功并非固定式的，也并非“死功”。真正的桩功成就，是在灵活变化、虚实异动之中，都有桩法的存在，不是站着让人推不动的玩意儿。

有些太极拳初学者主张站桩不必练气，太极拳不需练气，不须与气功“牵扯”在一起，还振振有词地说他的老师不教练气这玩意儿。真是以盲引盲，误导跟他一样的初学者，这是有过失的。

发劲，必须打桩，打的是暗桩，不会发出巨响。

打桩，与蹬步还有差别。大部分的蹬步是借地之力，还有使到大腿肢体之力。

正确的打桩，是桩功成就，内劲成就，内气成就圆满，在意到时，已然气到、劲到，完整一气地打桩入地，那种脆劲的反弹，是一种爆破力，瞬间而发，迅雷不及掩耳。

打桩，看不到身形，看不到曲膝，只是气一沉、一凝、一聚而已。若是看到屈身弯腰曲膝，将身体蹲低再奋力挺起，都是不会打桩之人，都是不会发劲之人，都是缠斗蛮使之人，谈不上有功夫。

形意的蹬步是后脚打桩，功夫深者，前脚也能打桩发劲，也可在身体前进腾空接地时打桩发劲，也就是所谓的“撞劲”。有了这个前进打桩的“撞劲”，才能“硬打硬进无遮拦”，才能“追风赶月不放松”，才能“起如风，落如箭，打倒还嫌慢”“起无形，落无踪，起意好似卷地风”地达到“后发先到”的境地。

打桩发劲，还要有手的“掤劲”做连合基础，才能相辅相成。因为发劲是一个完整的“体”，如果有一个局部不搭称，不绵接，就会形成“断劲”现象，那个“劲”发出去，就零零落落，分散而不凝结。

打桩必须通过练习后，才能慢慢得到要领。初学者总是用跳起落地的“打地”方式，但是任由使出吃奶之力，就是打不出凝结有劲道的桩，那个桩打下去，总是空空无物，不脆不响，打得脑袋晕晕的，还是不得要领。

打桩必须桩功有成之后，能入地有根，劲道能透入地底深层，入地三分，有了这个基础，才能稍知打桩窍门。只要意一动，气一沉，自然能在瞬间打出结实、磅礴、凝聚、令人惊悚骇然的“桩”。

打桩，纯是意与气之神妙运用，配合肢体势力，谓之外形内意，谓之内外相合，谓之形意六合，内为意、气、劲，外为步法、身法、手法。步法即灵活之桩法，没有桩法，不会打桩，不得谓之六合，不得谓之形意。

《形意拳汇宗》云：“打人犹如雷震地”“拳打丈外不为远，近者衹在一寸中”“拳出如流星，变手似闪电”“手到步不到，打人不为妙；手到步亦到，打人如拔草”“打人如走路，起落似箭钻”。这些都是在阐述打桩的奥妙。

不会打桩，不是形意人；不会打桩，太极难放劲；不会打桩，八卦不入地。不会打桩，都是花拳绣腿；不会打桩，都是装神弄鬼；不会打桩，都是装模作样。不会打桩而自言功夫如何，都是忽悠初学者。“桩者”，地基也。没有桩的功夫，都是海市蜃楼。没有桩功做基础的武术，都是王宗岳老前辈所说的“非关学力而有为”的“斯技旁门”。

第 113 章　论“见招拆招”

“见招拆招”，是武侠小说及电影里常见的武打动作，对方出什么招式，我就用什么招式来破解、来因应，而且每一招式都有很漂亮的“招式名称”，如此一来一往，打得天花乱坠，半个小时还没完没了，真是热闹滚滚，观众与读者看得不亦乐乎，大叫过瘾。

武侠小说及电影情节必须如此，才能抓住及满足观众与读者的感官刺激。

然而，这样延袭下来，就给一些未明究理的武术学习者注入一个错误的观念，以为练武就是要学习很多招式，才能应付敌人的攻击。并且，对方打什么招，我就必得用什么招来架来挡，来拆来解。如此一来，在真正实战时，就会预设立场，眼睛圆睁睁地尽是要窥探对方的出手招式，心里急着想下一个动作要出什么招应付，这样只是徒增内心的紧张与惶恐，终至心慌意乱，手足无措，而落于失败者的窘境。

某些土法炼钢的“拳头师”常说的，实战对打时要看住对方的肩膀。他们的认知观念中，认定出手攻击时，肩膀会先动，由肩膀的动作可看出对方出手的预备攻击方位，而做出防范的措施。

“拳头师”又说：“直来横挡，横来直架。”这就是土法中地道的“见招拆招”。

戚继光的《拳经捷要》云：“‘拳打不知’是迅雷不及掩耳。所谓：

‘不招不架，只是一下；犯了招架，就有十下’。”

在实技较战当中是千变万化的，也没有固定的招法，在诡谲的战斗中，是虚虚实实，假假真真的，是虚中有实，实中有虚，真中有假，假中有真，变化莫测的。在实战中，是兵不厌诈的，是引君入瓮的，是故意设陷阱让你跳的，挖一个坑让你自己跳进去。有时明知那是一个陷阱，却偏偏是由不得地跳下去。这就是兵法，拳法就是兵法。

“拳打不知”，这一拳出去，有时候是虚招，而实招在后；有时虽是虚招，但你没做出正确的反应，就会变成实招打进去而命中。有时，这招出去，扎扎实实的，但你出手一接一架，他马上变虚，实手已在后跟进，这就是虚实变化，就是“拳打不知”。像这样莫测的变化，你如何能预设立场，如何拟定预备招式。就因为如此，戚继光的《拳经捷要》才会说“不招不架，只是一下；犯了招架，就有十下”。如果你只会一成不变，只会固定式的招架，一有招架，接下来，就会有连续的十下，犯了招架，就永远变成“挨打的架子”。

武术的较高层次，在于“听劲”“接劲”与“化劲”，以及神奇玄妙的自然反射作用。对方一拳打过来，全凭那神乎其技的灵敏感应，由反射神经通过“听劲”的修炼，而做出极其神妙的“接劲”与“化劲”，用全身肢体各部位触感及虚灵感应，做出适当的走化与反弹回击动作。

为什么能“拳打不知”？在太极拳里常说“发劲人不知”，这与“拳打不知”都是同一个意思，都有异曲同工之妙。

为什么能“拳打不知”？为什么能“发劲人不知”？正常人出拳再快，也有时间与空间的问题，都有一个极限，既然有极限，就一定有法可破，这个破法，就是你反应比他更快，在他的拳还未到位时，你的劲已然先他而入。然而，这并不是比谁速度快的问题，王宗岳老前辈说：“快何能焉？”出手快并非制胜的因素，而是到位时谁的劲有没有“入”

的问题。譬如说，你先出拳，我后发，但在同时到位时，我的劲有入，你的劲没入。这就是太极拳常说的“后发先到”。

为何能“后发先到”？这又牵涉到反应与虚实变化的范畴，你一拳打过来，虽然碰触到我的身体，但被我“接劲”接到，被我“化劲”化掉，不起作用，而我的拳出去，你却没接到，没化掉，所以我的劲能入，而你的拳却不起作用。

“后发先到”还有一个先决条件，你的“功体”必须成就，包括手的“掤劲”、丹田之气的沉聚饱满，以及下盘桩功的稳固而且懂得“打桩”的诀窍。如果“功体”成就，你就可以意到、气到、劲到，完成“内三合”，加上步法、身法、手法的完整，完成“外三合”，如是内外六合，谓之“内外相合”，始能发挥“完整一气”的“整劲”，才能随心所欲地“化打合一”，才能“硬打硬进无遮拦”，才能“不招不架，就是一下”。

武术的神奇，在于自然反应，一种听劲灵敏的自然反射动作，一个听劲好的人，你碰触他哪里，他哪里就会做出自然的反应，是要去接着或要去化，或者化后回打，化打合一，连消带打等，都是不经过思考的，都是没有默认目标立场的，只有顺其自然的随心所欲，达到“全身皆手，手非手”的境界。

打人不是全靠手，身体每个部位都可以打人，你碰触到他哪里，他哪里就会做出反射的回打，所以说“全身皆手”，打人已经不是用手了。

那么，你说“看肩膀”有用吗？预设一个招，来对付那个招，有用吗？如果还再说“见招拆招”“看肩膀”，都还是泛泛之流，不足为奇。

高手发劲打人，不必用到“寸劲”，因为“寸劲”还是一寸的距离与速度，都还不是高水平的功夫。层次高的，贴身就可以发劲，就可以打人，不必距离，不必速度，哪里贴近对方的身体，只要一“作意”，意念到时，已经气到的“打桩”放劲出去，同时同步完成，这才是真正的“完整一气”，才是“整劲”，才有办法达到“迅雷不及掩耳”的高深境界，在这种境界中，你如何去窥探、顾视，如何去“见招拆招”？见都见不着，如何拆？如何解？

经过这样叙述后，读者当可理解“见招拆招”是荒谬的说法，有招有架都是土法炼钢，“看肩膀”的说法也就成为肤浅稚幼而不成熟的孩语，不值与言。

第 114 章　新武术与传统武术

新武术，盛行于大陆，随后台湾也跟着流行起来。

新武术，纵横、跳跃、地崩、翻滚、劈腿、举脚、震地、穿插奔跑等，有旋律及快慢节奏，看起来好似舞蹈，却又有拳脚架势。

新武术大都用于套路比赛，包括徒手、兵器等。新武术讲求美姿，因此，身体支架必须很柔软，能曲伸适度，举脚高过于头，适合青少年学习。中老年人骨头较硬，想学习也没那个条件。

新武术因为注重拳架套路比赛，所以对内功的功体方面，就涉猎的比较少，真正有功夫的人，比率不会很高。

传统武术，多数比较讲求功体的追求，包含桩功、气的修炼、手的掤劲，以及内劲的养成等。

桩功，就是练习站桩，巩固下盘；发劲必须藉由桩功的成就，懂得打桩技巧，才会发劲，否则都是使蛮力而已。桩功有固定桩及活步桩，必须是固定的站桩成就后，在活动移步当中，才能随着虚实变化，而随心所欲地打桩发劲。

气的修炼，藉由意导，气沉丹田，而敛入筋骨，汇聚成劲。

掤劲，由拳架、基本功及站桩之捧提，使气沉聚手臂，似松非松，绵里藏钢。这是“体”的部分。

“用”的部分，包含“听劲”的练习、“走化”的练习、“接劲”

的练习，以及发劲、放劲、化打的练习。这就是体用兼修，内外兼备，刚柔并蓄。

新武术的练习者步入中年以后，筋骨不再那么灵活柔软，如果能转入传统内家武术，学习气劲的修炼，因为有拳架套路的基础，学起来比较容易入门。若是一直沉浸于原来的新武术套路，而不屑于追求传统武术的功体内涵，那么将会应了那句话：“练拳不练功，到老一场空。”年轻时所练所学，只将成为运动体操的把式，无法与人论武。

很多传统武术的修学者，与新武术的修学者一样，也是一生把玩着拳架套路，不懂得去修炼真正的武功，拳套学了“一馆”又“一馆”，以为这就是功夫，等到有一天，遇上了，用上了，才恍然大悟，原来所学都是中看不中用的活计，不堪称之为“功夫”，这也会应了那句话：“练拳不练功，到老一场空。”

武术，本来除了运动强身之外，最重要的就是御敌防身，以“武”而止“戈”，因练武而能保护自己，维护家人，更而上之的捍卫国家。若只求虚名，只想让人知道自己是个练武之人，到时被人识破，根本是没料之人，那可能就此一蹶不振，寞落而终，实在是一件悲哀的事。

武术，是体、用兼备的。新武术也好，传统武术也罢，如果只耽于外表形式，而缺乏武功内涵，只能称之为“玩把式”，不可谓之武术。

第 115 章 “斯技旁门”

“斯技”，翻成白话，就是“那些技艺”或说“那些伎俩”，说粗俗一点就是“那些玩意儿”。

王宗岳先生说：“‘斯技’旁门甚多，虽势有区别，概不外乎壮欺弱，慢让快耳！有力打无力，手慢让手快，是皆先天自然之能，非关学力而有为也。”王宗岳先生把这些属于“先天自然之能”的“玩意儿”，归类为“旁门左道”“非关学力而有为”。

懂得文言文，懂得太极拳、懂得内家拳者，知道这是在说什么。王宗岳老前辈把“壮欺弱，慢让快”“有力打无力，手慢让手快”这些先天自然之流的练武者，说为“斯技旁门”，虽无“贬抑”之意，却让真正的“练家子”觉得那些“斯技”，实非真正入流的武功。

为何如是说呢？因为这些“甚多的斯技旁门”，是“非关学力而有为”的武艺，只要花些时间练练，短期内就会有“成就”。但这些“成就”，是“非关学力而有为”的。

这边首先要解释何谓“学力而有为”，所谓“学力”，并不是“学习”“力量”，使自己成为孔武有力的人。很多读者看王宗岳的拳论，往往把这一句话误解了。“学力”，是文言文的句法，是一种倒装句，在古文里面，有很多都是倒装句的，如果把“学力”误解为“学习力量”，那就“失之毫厘，差以千里”了。

“学力”应该读成“力学”，也就是努力学习，用心学习，苦心孤诣地钻研的意思，要花极长的时间，运用心志、毅力与智慧去成就这个极其不易成就的功夫。

为何说“十年太极不出门”？为何说“内家拳十年不出门”？因为这种类似太极、形意、八卦的内家拳，不易成就，如果不是苦心孤诣，努力修炼，莫说十年，到了老年，终究还是泛泛之流。

如果练错了方法，虽然练的是太极，是内家拳种，还是免不了要被归类于“斯技旁门”。譬如说，现在的斗牛式推手，如果王宗岳先生是生在这个年代，免不了要摇头叹息了，也免不了要把这些“玩意儿”归类为“斯技旁门”了。

现在的推手，多数是土法炼钢的，初学就要求蹲低练脚力，练手的蛮力，然后两人互相斗力，斗久了，也懂得一些反应技巧。然后去参加比赛，靠着体力、耐力及满身的蛮力，做困兽之斗，斗个冠军回来，就不可一世，眼睛长在头上，一副天下无敌的嘴脸。殊不知这个“冠军”还是要被归纳于“斯技旁门”的，真是可悲可叹。

还有现在的太极，有一种是刚烈的发劲打法，不是震脚，就是捣锥，打得气喘吁吁，脸色发青，不只失去了健康效益，对于内劲的养成，也无所帮助。

为何如是说呢？因为这些打法，是内劲成就的人在练的，很多初学者一上门就练这些发劲的打法，往往弄巧成拙，练成一身蛮力，有时外形看起来还有一点模样，真正叫他发劲，一点也使不上来。

另一种是手指不停地抖动，看起来就有些装模作样。真正的“抖劲”哪是这个模样，只能忽悠那些不识者罢了。这些人虽然练的是太极，还是要把它归纳于“斯技旁门”，因为练的时机方法不对，内涵不对。

王宗岳先生所说的“斯技旁门”并非专指太极以外的其他武术，而是泛指那些以练拙力、练快速度而取胜的武技，是指那些靠着蛮力，靠着土法炼钢式的以种种旁门左道的伎俩去练就骨头坚硬，能劈砖、破墙之属；靠着不断地挥拳练速度而取胜之流。

真正的功夫，不是以“有力打无力”，不是以“壮欺弱”，不是以“手快胜手慢”；而是“以小制大”“以无力打有力”“以柔克刚”“以老而能御众”。

王宗岳老前辈又说：“四两拨千斤，显非力胜；耄耋能御众之形，快何能焉！”所以，力量不是完全制胜的因素，快速也不是取胜的原因。制胜的条件取决于体用兼备、刚柔并济与虚实变化，牵涉到内劲的成就以及听劲、懂劲的成就等。请阅读第 105 章“快何能焉”一文，不再赘述。

“斯技旁门”并非全指所谓的外家拳，并不是以拳种、系统来分类。很多练外家拳的，练到某个程度，对武术有更深层的体悟，也能把他所练的拳种招式转入敛气成劲的练法，终也能达于宗岳先生所谓的“学力而有为”的上乘功夫。所以“斯技旁门”并非以所练的拳种而归类，而是以所练的方法、方式来界定。譬如打沙包、举重、练肌力之属，例如，某些拳法是特别要练四肢的坚硬如铁，用自己的手臂、小腿去打击刚硬物体，然后借着药物、药洗之类来涂抹，如此反复，终把手脚练得如石头、如铁一般坚硬，以为这就是功夫。殊不知，他把宝贝的神经练死了，把可以使听劲练就灵敏的神经感应破坏了，虽然挥拳出脚尚能使力、使快，但那自然的神经反射作用变呆滞了，听劲的变化作用变拙劣了，而却犹自为那坚硬如石、如铁的手脚而沾沾自喜，真是愚痴呀。

试观，现在的网络武术版的提问，不外乎一些“如何使拳头变硬”

“如何才能出拳有力”“如何才能让力量变大”“怎么才能使肌肉大块”“打架要如何如何”等，都是一些肤浅、幼稚、低劣的问题，而且这些问题都不断地有人一再反复提问，真是令人啼笑皆非，哭笑不得。

“见招拆招”的练法，也要被归类于“斯技旁门”，也是土法，是愚夫之法。

上乘功夫，是“神龙见首不见尾”，是“拳打不知”，是“化劲人不觉”，是“发劲人不知”，是“拳无拳，意无意”，是“技到无心始称奇”，哪还有招法、式法，光一个“十三式”，就让你练之不尽；就一个“五行拳”就深不可测，永远也探不到底；只一式“单换掌”就够你琢磨好几年。

然而，当你领悟到那个拳理，通彻那个道理，而且能够“老实练拳”，坚忍卓绝，坚毅不拔，自然有一天水到渠成，很多东西会源源不绝地自己生出，没有刻意去追求，功夫便会自然而然地生出。

当水汇聚圆满，就会成为一个水库；当丹田气满，就会形成一个坚韧的气囊；当气沉敛入骨，就会累积成劲；当下盘桩功成就，就能稳固如山；当手之掤劲成就，就可似海水能吞纳万吨巨舰；当那灵敏的听劲成就，就能瞬间反射回打；当化劲成就，就能将顽拙之力虚化于无形；当接劲功夫成就，就能接而反弹。此时，功夫底定，这时的你，已然跳脱“斯技旁门”之名，已然跳脱“武夫”之名，成为一个名副其实的武术家。

第 116 章　练拳与呼吸

呼吸一法，在内家拳练习当中占有极为重要的地位，是每一位老师与学生均不可忽视的课题。

有些老师，你如果问他："练拳如何呼吸？"他会回答说："自然呼吸就好。"问题是，如果自然呼吸就好，那么就不用练习吐纳，不用练气，也不用"以心行气"来练内功了，如此内劲焉得生长？内功之"体"如何成就？

如果自然呼吸就好，那么就不用勤苦练习内家拳了。怎么说？因为每一个人都会自然呼吸，婴儿一出生就会自然呼吸，甚至在母亲体内已经会自然呼吸，不用人教，不会呼吸则不能生存矣。

所以如果你的老师说"自然呼吸就好"，那你就得考虑是否要离开他，因为他已误导了你，在他那儿，你绝对学不到功夫，也得不到健身的效益。

内家拳行功心解云："极柔软，然后极坚刚。能呼吸，然后能灵活。气以直养而无害，劲以曲蓄而有余。"这是练习内家拳的方法，意思是说，练拳一定要非常的松柔，不能存有丝毫拙力，如此才能练就极坚刚的内劲。懂得呼吸吐纳，在推手或散打时，才能运气发劲灵活无滞。所以说气以直养而无害。气，就是呼吸吐呐，运而养之，一直长养它，只有利而无害，久则能蓄积内劲。劲是藉由呼吸吐纳运气导引而敛入骨髓、筋脉，它是活动活泼的，而且是可以蓄积储存的，故谓曲蓄而有余，随时可以蓄而备用，永无穷尽。

如果练拳不必学会呼吸，《行功心解》就不会在此特别强调“能呼吸，然后能灵活”智者思之明矣！

《行功心解》又云：“以心行气，务令沉着，乃能收敛入骨；以气运身，务令顺遂，乃能便利从心。”意思是说，用我们的心意来行气，导引运功。所谓行气就是要学会如何呼吸吐纳，不是自然呼吸就可以行气。行气呼吸的时候，必定要沉着，沉着须通过松柔的练习，才能使气沉敛而入于骨髓，产生极坚刚的内劲。以气来运达于内身，呼吸运行之时，一定要顺畅舒遂，在运气发劲时，才能够知己知彼，得机得势，随心所欲。

在此，《行功心解》中特别强调“以心行气、以气运身”。要以心行气、以气运身，不是呼吸又是如何？但它不只是自然呼吸而已，里面有运有为，有意念与心行。

经过这样的说明，就能够明白呼吸的重要。所以练内家拳，首先就是要学会呼吸。那么要如何呼吸呢？

呼吸就是吐纳，吐旧纳新。将外面新鲜的空气，经由鼻腔吸入体内，再将体内之废气毒素排出体外。但是，如果只用平常之自然呼吸，效用是极微的，所以必定要通过学习内家拳的呼吸，始能得益。

一般的运动，纯是肢体之活动，不能运动到体内的五脏六腑。而内家拳的呼吸、吐纳运气，是着重在五脏六腑的运动，藉由吐纳导引，驱使横膈膜上下鼓荡，使内脏得到活动与温养，达到健康长寿的目的。

一般的呼吸都在肺部胸腔，内家拳的呼吸在下腹丹田处。胎儿在母体藉由脐带呼吸，出生至三岁左右，呼吸也都在下腹丹田处，及长，呼吸慢慢转上，这都是由于众生对五欲六尘的贪恋，对财色名食睡及色声香味的执取，导致体内真气混浊。气浊则升，气清则沉，当浊气升到喉间，一口气上不来，生命就结束了。

诸位可以去观察一些年迈气息微弱的老者，他们讲话总是支支吾吾，声音结滞在喉中，气短而喘，这是油灯将尽，生命气息奄奄。所以想健康长寿，就要作返工的工程，将气再练回原来的丹田处，此即谓“返璞归真”。

丹田，又称气海，是凝聚真气的地方，因为可以无穷尽聚存真气，像大海能纳百川，永不会溢满，所以才会说“气以直养而无害”，永不溢损故。

呼吸要深、长、细、慢、匀。吸气之时，要深及下腹丹田处，气要拉长，要很微细，而且要很慢而均匀舒遂，不可急促气喘或憋气。吐气时，宜将废气缓缓吐尽，如果吐之不尽，将会残留在体内，形成毒素。以吐纳而言，吐气比吸气重要。

呼吸调息有四相。

风相：呼吸时鼻中气息出入感觉有风声，这是呼吸之病。

喘相：呼吸虽无声，但气息出入结滞不畅顺。

气相：呼吸虽无声亦不结滞，但出入不细。

息相：呼吸无声、不结滞、不粗，出入细细绵绵，似有似无，若存若亡，神气安稳。

前三相，是不会呼吸，不懂得呼吸，乃自然呼吸者之通病。第四相是正确的呼吸。所以呼吸是有学问的，想练就好功夫，先得练会呼吸，否则将会落到“练拳不练功，到老一场空”的窘境。

内家拳之呼吸，是逆呼吸。吸气时，把下腹微微内缩，将丹田之气引至背脊及两肾之间，谓之“气贴背”。此时横膈膜往上升，鼓荡了内脏。吐气时，将废气慢慢吐出，此时虽是吐气，而体内之真气会往下沉，要练习至气沉入丹田。在这同时，因气之下沉而令横膈膜往下压缩，也鼓荡了内脏，这就叫“内脏运动”，内脏通过这样的鼓荡作用，气血即能畅通而活络，生机蓬勃，使人神清气爽，健康而有活力。

气是可以凝聚储存的。每日持续不断地练习吐纳导引，以心行气，以气运身，意守丹田，气就越来越饱满。气饱满了，心能清净了，欲念能淡薄了。当你的心真正的能够安静下来时，通过站桩、练拳，气就会开始沸腾，当然时间要够，不可少于一小时。练拳如果随便弄个几下就停歇，那是没有作用的，就像烧开水，还没烧开就熄火一样，不能当茶饮。你把气练沸腾了，才能将气渗透敛入骨髓，形成极坚刚之内劲，这样内家拳的“体”才算成就。

内家拳为何要行逆呼吸？

逆呼吸法，能够吸进大量的新鲜空气。胸式呼吸，在吸气时无法完全膨胀肺叶，吐气时也无法将废气完全排出。所以，腹部逆呼吸是比较好的呼吸，也是人在婴儿时采用的呼吸。

道家气功必须以逆转的方式运气，称作逆转河车，逆行小周天，这不在练拳的范围，故不予详叙。

内家拳在发劲时，必须将气凝聚下沉至丹田，此时一定得吐气，始能将气引入下沉丹田。所以内家拳之呼吸务必以逆呼吸运行。

练拳行呼吸，原则为开为吸，合为呼；提起为吸，放下为呼；蓄劲为吸，发劲为呼；如果某个动作过长，中间可以加一个小呼吸，以资润饰接续，顺利完成呼吸。

运功呼吸行气，宜在空气新鲜处，清凉处，安静处，光明处，不宜在空气混浊处，酷热闷纳处，喧闹处，秽暗处。不宜在医院、工场、墓地、屠宰场等地练习。

练拳运功，必须心地纯正，没有心机，不胡思乱想，始得成就。

呼吸是生命的泉源，呼吸是练拳的食粮。每个活人都会呼吸，但不一定懂得呼吸；懂得呼吸，生命才得以长寿，功夫才得以成就。

第117章　太极拳没有秘传

坊间常听到，杨氏太极秘传、陈派太极秘传、吴派太极秘传、孙派太极秘传、郝派太极秘传、郑子太极秘传、某某门派太极秘传等，不胜枚举。太极真的有所谓的“秘传”吗？

如果自称自己是某派太极秘传，都是忽悠初学者，都是糊弄不识者，都是广告宣传花招，都只是招徕学生的幌子而已。

这些初学者、不识者，因为对于太极的无知与浅见，总是被骗得团团转，心中对太极的神秘与玄妙抱着很大的期望，总是期待着哪一天能迅速地成为太极高手。然而，随着时间的流逝，日子一天一天地过去，才发觉自己并没有因为这些“秘传”，而得到深妙的功夫，心中不免有所茫然、失落，才有被骗的感觉逐渐滋生出来，但为时已晚，徒浪费很多的宝贵时间与金钱。

太极所有的诀要，都在《拳经》《拳论》及《行功心解》里面，如果能老实练拳，用心参悟，总有一天能够通彻这些拳理，豁然开朗，成就无上甚深的微妙功夫。此时，回头看看，原来“功夫”是那么平常，没有什么深奥，也没有所谓的“秘传”，这些练功的诀窍，都明明白白地呈写在经论之中，没有掩藏，没有隐密。

有某太极团体，强调他们的太极有特殊心法，秘而不传。后来，领导人出书把行功心法编印出来，详阅其内容，不外乎肢体各部位的搓热按摩、旋转、伸展之养生法。该书后半部，略为说到呼吸行气及穴位运导法，并无奇特玄妙之处，与《太极经论》及《行功心解》相较，真是天地悬殊，难以相提并论，若依此而练，健身可以，但无法成就太极功体。他们如果没有出书的话，大家都蒙在鼓里，不知葫芦里装的是什么药，出了书，反而露了馅，让人看破了手脚，终于知道所谓的“秘传”、所谓的“心法”，原来如此而已。

如果能掌握、通达太极经论，就能得到真正的秘传。太极所有的“秘”都在里面，此外别无“秘传”。

《拳经》谓：“一举动，周身俱要轻灵，尤须贯串。”这一句重点在连绵贯串，不只是身体支架的连绵贯串，气的鼓荡运行也要连绵贯串，不可断劲，这样才能达到“无使有缺陷处，无使有凸凹处，无使有断续处”。

“气宜鼓荡，神宜内敛”。身心无虑无罣，神始能内敛。气如何鼓荡，牵涉到腹逆呼吸法，这只要老师一教，自己练习一下，就可以学会，没有什么奥秘。

“其根在脚，发于腿，主宰于腰，形于手指；由脚而腿而腰，总须完整一气”。这边不只牵涉到拳架的运作，也含摄到发劲的用法。

“有不得机得势处，身便散乱，其病必于腰腿求之。”没有完整一气就不能得机得势。完整一气的根本在于脚，在于桩法，在于知道如何打桩，脚的打桩与手的放劲是否同步同时，符合此条件，才可谓之“完整”，谓之“贯串”。

“凡此皆是意，不在外面”。所有的作为，都是意念在主导，以意驱气，气敛成劲。所以外面的花花草草，不值一顾，形式花样不值一览，重要的是内在的“体”。功夫成就了，“意”也没有了，用时，自然会自己作意，不须去刻意、用意，一切都只在有意无意之间，随心所欲。

经云："有拳有意都是假，技到无心始见奇。"诚哉！斯言。

"虚实宜分清楚，一处有一处虚实，处处总此一虚实，周身节节贯串，勿令丝毫间断耳。"这里又强调提到贯串，而且要"周身""节节"的贯串，有了贯串，才能"勿令丝毫间断"，才不会断劲，才能达到"完整一气"。

虚实虽然要分清楚，但是不宜固执，要懂得变化，不是固死的定式的，分得清清楚楚的。分得再清楚，如果不会变化虚实，还是死功夫。《行功心解》说："意气须换得灵，乃有圆活之趣，所谓变转虚实也。"所以虚实的重点在善于转变，不是要固执地定死在那里，然后把他分得清清楚楚的。而且虚实的转换，是靠意气换得灵，是圆活机灵的转换。懂得虚实，就知道阴阳变化。"阴不离阳，阳不离阴；阴阳相济，方为懂劲。懂劲后，愈练愈精，默识揣摩，渐至从心所欲"。阴阳相济，就是懂得虚实变化，也达到"懂劲"的阶段；懂劲后，就能愈练愈精，而至从心所欲矣。

"默识揣摩"，就是自己去思维、观想、整理，将所闻所学，一一去思维、去整理，通过"老实练拳"去思维、观想、整理，然后会有所悟，悟而再练，练而又有新的理解，新的悟解，功夫是这样一点一滴地储蓄凝聚而成。

《行功心解》云："以心行气，务令沉着，乃能收敛入骨。"这一句话非常重要。气，是要通过心思去运行，运行的过程当中一定要使气沉着，气沉着了，练对了，自然日久而能收敛入骨，汇聚成极坚刚的内劲。那么，气，如何沉着？只有"松"一个字。

《行功心解》里面有一句很重要"往复须有折迭"，若能体悟折迭与阻力的关系，若能体悟阻力与内劲的关系，那么，太极拳就算已经入门。

简略地列举《经论》中的只语、片段，学者可自行检阅，而得其要。

《十三势歌》云："入门引路须口授，功夫无息法自修。"学功夫，尤其是内家拳，如果没有老师引入门，没有老师的口传心授，绝对无法成就。然而在老师的口传心授之下，只有自修自练，老实练拳，才能成就这"学力而有为"的微妙甚深法门。

经过老师的传授，通过拳经、拳论、《行功心解》等经典的比对、印证，就能得知所闻、所学、所练是否正确无讹。若是跳脱经论所说的，他再如何口沫横飞地宣传，他再如何以"太极秘传"做幌子，都将无法打动你的心，他再如何以"某家心法"摇旗呐喊，都将无法骗过你的慧眼。你也不会再虚浪太多宝贝的时间与金钱，而终将能进入太极之门，一窥门内的珍贵秘传法宝。

第 118 章　为师莫误人子弟

自古以来，“好为人师”是习武者的通病，至今尤然，而且更有过之。

2011 年 3 月 2 日，奇摩武术版有一则发问，是寻找武术“明师”的。原意大略如下：

“想学武术求‘明师’。不想找一个随便教一教，把武术商品化的老师，像某太极拳的师父，学员交了两万多，却只教拳架，什么要领、注意事项，甚至连推手都没教。

这样就不如去公园学好了，有的甚至还免费呢！想找个武术明师，不限武术种类（虽然我还是偏好八极、形意等中国武术……）请各位帮个忙～

某某老师是真的只教太极拳架，有个跟了他近 10 年的学生他还是只教拳架，有个学生打起拳架来腰弯得跟毛毛虫没两样，还有个全身紧绷，出拳用力到手都在抖了，这些他都没讲要改善！”

看到这则提问，不禁令人感慨万千，也为这些滥竽充数的“名师”感到汗颜与悲哀。

现今的武术界，“名师”很多，尤其网络信息的发达流通，只要会做文宣、打广告，播放一些配套好的表演功夫，也能蒙蔽无知的初学者，于是花费巨额的学费及浪费绵长的宝贵时间，得来只是一些拳架表面功夫。而“名师”也终究逃不过时间的考验，最后总会让人看破手脚，原来“名师”只不过是个骗骗学费，误人子弟的伪师。

武术的真功夫，包含“体”与“用”。

“体”，是指功体，包括桩功、内劲、掤劲及丹田气的成就等。

“用”，不只是局限于推手，还要真能实战。

做一个武术老师，不单单是具备“真功夫”而已，还要懂得教法。很多老拳师，功夫确实是有的，但不会教拳。

所谓“教拳”，不只是打打拳架，耍耍剑、刀、棍。做一个老师，最重要的是要把武术中的内劲、桩法等重要内涵传承下去。如果只会耍弄拳架、形式、花招，都是充数的伪师。

教拳不只是限于外表姿势的纠正。外表形式固然重要，但重点在于练拳的感觉，要让学生去感觉到拳之内涵的“味道”，要以本身走过而成就的经验，用尽各种方法去比喻、举例。如果拳之内涵所涵盖的应有的感觉没有捕捉到，没有感觉到，都是白练一场，都只是空白的体操运动而已。

以前，有一个拳友去跟一个太极名师学拳，三五年过去，遇到他，问他拳艺如何？回曰：“老师还在改拳架。”七八年过去了，遇到他，问他拳艺进展如何？回曰：“老师还在改拳架。”不禁傻愣。试问，一个拳架要改到何年何月？恐怕晚年来到，还要一直改下去，真是佩服他的耐性。但真正来说，只有愚痴之人，才会忍耐一直在改拳架当中混日子，而不知觉醒过来。就像一个小学生永远毕不了业，升不上初中一般，那么，大学之路更是遥遥无期了。

其实，要辨识一个“明师”并不困难，你不要去看他的拳架打得好不好，姿势漂不漂亮，而是要看他打拳有没有松沉，气劲有没有浑厚。如果是初学者，当然无法从外表看出这些内涵，那么还有一个办法，就是实际请老师做发劲动作，亲身去体验老师到底有无练出内劲，内劲是否松绵沉厚。

被内劲打到的感觉，外表皮肉不会觉得僵硬呆滞与疼痛，他的劲道会深透内脏，内脏会有被压缩澎湃而令人有无处逃的惊悚。会发劲的老师，不会刻意地为了表现功力而将你打伤，只是轻轻一按，你就能感觉那种内劲暗藏的澎湃汹涌，直逼深处，躲也躲不过，逃也逃不了，但却毫发无伤。所谓毫发无伤并不是说内劲不起作用，而是老师能收放自如，点到为止。如果你不放心，怕师傅伤到，那你可请他发个空劲，就是打空气，不接触到你身体，去感觉他的劲道实不实，沉不沉，发的是不是空包弹。发空劲打到空气，还是可以感觉周围受到振荡的气围，那种感觉和用蛮力打出的感觉是截然不同的，它是凝聚而充实的，看不到速度加距离，打出去却是迅雷不及掩耳的，具有极大的震撼力及爆破压缩力。总之，和蛮力打出的味道是完全不一样的，它不需透过鼓气硬力的挥毫。

还有，你可以从网络去得知一些端倪。从他所发表写作的文章当中寻出蛛丝马迹。网站的武术，不外乎心得文章的发表及影片的播放。

影片有些功夫表演，都是套好的，不必过于迷信。文章方面，很多都是引用拳经、拳论或前辈或他人的文章，看看参考就好。

真正有内涵的老师，发表的文章拳论绝不会去抄抄写写，所写出的东西是不是自己的，不难看出，只要仔细看，就能看出是他自己的东西，或是抄捡别人的东西。

是自己亲证的东西，是自己体悟出来的东西，写出来就掷地有声，能得到知音的共鸣与认同肯定，初学者看了也会从中有所获益。你可以从他所谈的经验中有所吸收，而不是看了只把它当作一种知识，只知其一，而不识个中滋味。

很多老师没有实证功夫，只是拳的经论看多了，也会口沫横飞，天花乱坠，忽悠初学者，糊弄不识者，骗取学费。

瞒者瞒不识，识者不能瞒。或许你还是一个初学者，一心急着找名师，却苦不得遇，通过这样的说明，或许也能了知一二，而不受无实际能力的名师所蒙骗，花费金钱事小，浪费宝贵的光阴，却永远追不回来。

第 119 章　师傅留一手

师傅留一手，这是自古以来武术界的传说，是否真的如此？

师傅为何要留一手？传说中都是怕教到叛徒，谋反师傅，师傅为了防患未然，只好留一手不教，以防徒弟造反时，可以用所留的那一手，那一绝招来防制恶徒。

师傅是否真的要留一手？师傅真的能留一手吗？是值得智者思维与探讨的。

如果真的能留一手，我想每个师傅几乎都会留一手，以防范不测。因为人心在内，无法以外表观测，徒弟的好坏，徒弟的思变，很难预料，环境、名利会改变一个人的心性，所以留一手，似乎是变成必要的。

有些师傅教拳是真的留一手的，而且不只一手，他只教人打打拳，练练套路，要要兵器，改改拳。很多人学拳，十年八年过去了，师傅还在改拳，都只在外形、花式上面琢磨；而学生们也乐此不疲，练了一辈子，得来只是“到老一场空”，这些外形、花式、套路、兵器，只要一段时间不去复习，很快就会忘光光，这不是到老一场空吗？因为没有真正学到功夫的内涵，只是纯粹的肢体运动而已，根本谈不上功夫的。这是名副其实的“师傅留一手”。但实际上来说，有些师傅根本是没有真实功夫的，他们会的也仅有这些，没有“另一手”，没有真材实料可教，愚痴的学生也只能如此跟着胡混一番。或许，经过一些时日，学生也自认学成了功夫，也出来当老师，就这样糊里糊涂地循环承传下去，这就是现在街坊上大部分的武术传授概况，真是令人感叹。

有些师傅是有功夫的，但是你钱交的不多，他不会教你，让你一直含混下去。这些师傅教拳是以金钱论斤两的，这个也算师傅留一手。

有些老师并不特别注重金钱，但他要考验你的品德，观察你的心性，可以了，他才肯教你真功夫。但是如果三五年过去了，却没有学到真功夫，那么，你可能要重新思考这老师是否有真功夫，或藏而秘之，不肯传授，就得重新考虑去留，不宜再空废时间。

真正的好老师，会收取适当的学费，而且正常教学。教学都是循着正确的功夫理路在教，每一个动作、每一个招式都含蕴着功夫的内涵思维，而且会运用各种比喻、举例来触发学生的思路，利用各种喂劲的方法，使学生能深入体会、感觉、明了那个功法的效益及练法，一再反复地解说、比喻、喂招，直到学生真能理解。

功夫是循序渐进的，不是一教便会。教一个学生，就像培育一棵树木一样，从幼苗、发芽到枝叶茂盛，都需要不断地照顾着，老师所花的心思是很大的。而且所练的功夫，各个阶程都有更深层的内涵不断地增广，你练到哪里，老师就会再教到更深度的东西，如果学生不肯勤练，进度自然会停滞在某一个阶段，无法再超越过去。所以，有时是不能怪老师留一手，因为你没学到那个阶段时，教再多的东西，你也吸收不了，功夫是没办法再升进的，教再多也起不了作用。这种情况之下，只能怪自己不长进，不能怪师傅留一手，不能怪师傅有所藏技。

内家拳，这个武艺虽然无法速成，但只要勤奋练拳，用心思维，进步是很快的，方法对了，练一天就有一天的功夫累积。你领会对了，功夫的成长是看得到的，很多你预想不到的东西，会源源生出。有些是老师没教过的，你却能自己体会出来，自己练出更有深度的功夫来，所以“青出于蓝胜于蓝”是可能的，功夫超越老师也是正常的。有朝一日，学生功夫超胜老师，老师应该感到高兴才对。

内家拳的功体是累积而成的，勤练的人，功体自然就越好。当你入了门，悟得了练法，那只剩下功夫的累积，你练多少就是多少，到这时，老师还能留哪一手？如果你认为师傅还留一手，那只能说明你还没有进到内家拳的门，还是内家拳的门外汉。入了门，自然里头的宝藏清清楚楚地呈现在那儿，只看你要不要去挖掘了。如果成天胡思乱想，妄想一夕成名，一朝成为高手，是为愚痴之人，不能成就大功夫。

智慧高的人、领悟能力强的人，能举一反三，触类旁通，闻一而知十。内家拳，你如果练入了，拳经、拳论在说什么，你都能一目了然，尤其在懂劲后，愈练愈精，默识揣摩，渐至从心所欲，这是拳论里面说的。所谓从心所欲，就是功体愈练愈精，内劲愈练愈浑厚而沉敛，在用法方面也能因听劲的灵敏而能随心所欲，神变无穷。而且到后来，一招一式，可以无穷地变化出百招百式，因为已经没有固定的招法，也无需循着固定的轨道迹象去运作。就像下棋，局局新，局局战略不同，运棋方式千变万化，而却能掌握对方的脉动，控制住对方动弹不得。到这个地步，你说，师傅能留一手吗？

潜藏的那一手，是藏而不藏的，得靠自己去发挥，自己去寻觅，自己去发掘的。当你掘到了，当你愈练愈精时，你宛然比师傅多出了一手，此时，已然青出于蓝而更胜于蓝了。到这地步，你就算是出师了，可以出来当老师。当然，还得经过老师的允诺。

师傅如果出来教拳而暗藏拳技，秘而不传，是有过失的。若是真想秘而不传，就不必出来教拳，既然出来教拳，就得倾囊相授，无所隐藏，才是正确的作为。

学生如果不能判别老师是否有功夫，却一直浸淫下去，只能怪自己没智慧，无法分辨好坏。如果明知再耗下去，依然徒劳无功，却不肯断然离去，是为愚昧的崇师情执，是为“一个愿打一个愿挨”，无话可说。

如果练到相当时日，犹认为师傅还留有一手，那是自己不够努力认真，没有老实练拳，都是随兴而练，躐等以求之属，永远都是凡夫一个，永远无法“出师”。

“出师”，就是功夫成就了，可以“下山”了，可以离开老师了，可以出去弘扬师门功夫，使“这一手”好功夫，一代一代传承下去，一棒一棒地接下去，永远再也没有“师傅留一手”。

第120章　改　拳

“学拳容易，改拳难”，这是说学拳练功夫，如果定型了，要修改是非常困难的。所以在开始学习的时候，就要把它调整得好好的，否则以后要改正就很不容易。

一个初学者，刚来学拳，什么都不知道，站也站不稳，蹲也蹲不正，总是歪七扭八的，这边好了，那边又歪掉了，上面扶正了，下面又垮掉了，做老师的要非常有耐性。

打拳在外表形式上，最重要的是要求中正安舒，如果立身不能中正挺直，其他的姿势再好，也是瑜中有瑕，无法得到最好的效果。

很多教练场，都是老师在前面带头打，学生在后面跟着比手画脚。老师是我行我素的，不管学生的拳打得对不对，不会随时调整，总是在学生定型以后再来改拳，但为时已晚。在外面的公园、学校、活动中心，常常会见到这种画面，尤其在人多的地方，某些老师更爱现，他在前头打，人家就知道他是老师或教练，他就内心就耽于自我遐想被人羡慕、崇拜的空幻滋味，其实只是虚荣心作祟而已。

有些老师看到很多人在观看他教拳，他就会改拳改得特别厉害，即使学生的姿势已经非常正确了，他也要这边调一调，那边修一修，这样“现一下”，才能满足他做老师的架势，这也是虚荣心作祟罢了。

一株幼苗修调好后，要有时间与空间让它去自由生长，若是每天把它折来弯去的，不久，它就会枯萎。

改拳也是一样，无需在枝末上着眼，大体上的原则照顾好，招式规格没有偏离，其他无妨，可以有学生自己的风格、拳路，依着他的体形、性相及种种因素而有个人的发挥空间，大可不必要求拳架跟老师一模一样，否则越改就会越糟糕，最后弄得学生不敢在老师面前打拳，或者干脆离开老师。

某些老师就是喜欢“改拳”，除了改拳以外，好像没有其他的教式。我常举例，某个拳友，在他老师处学拳，已经超过七八年了，还在改拳，不知要改到何时？学拳不是只在拳架上琢磨，拳的内涵很多的，岂可局限于拳架。老师不能推说“拳架还没学，不能教别的”那么，老师是否需要自省，为何七八年还没把拳架教好，是学生笨？还是老师笨？或者是老师根本没其他的料可教学生？不管老师是真的没那个料，或故意藏技不教，这样的老师都是有过失的，都需要自我检讨的，也是值得公众挞伐的。如果任由这些充数的老师使烂，都是没有道德勇气的伪好人，都是使武术拳技无法发扬传承下去的始作俑者。

内家拳，涵盖着“体”与“用”，外表拳架姿势固然重要，但是更重要的是功体的内涵，“改拳”要改到内涵去，会改到内涵的，才是真正的老师。如果成天只注重外式的“改拳”，都还是肤浅的、充数的“伪师”。

功体内涵的涵盖面是不胜枚举的。譬如，下盘桩功的训练，气的养成，如何气沉丹田，如何使气凝聚然后运行，如何使气沸腾然后沉敛入骨，汇聚成为坚刚的内劲，还有掤劲如何修炼，如何才能学会听劲及懂劲的功夫，如何变化虚实等，然后完成学武的最终目标——如何实战。这些才是武术较为深层的功夫。改拳，也要从这些内涵去改，去修正，方法练对了，才能得到练功夫的效果，否则都只是绣花枕头而已，外头好看，里头草包。

内家拳，最根本的功体是气沉丹田，凝聚内气，令气饱满，然后才能运而用之。桩功，是内家拳武术的基础，如高楼大厦的地基。那么，如何通过站桩而使之入地生根，是有得“乔”的。

站桩的功夫非常深奥，要有两三年的打底，或者更久，看你如何练，老师如何教。每一段时日的功底、感觉，都会随着功夫的升进而有不同及更深层的教法，不是一教便会，便能领会其中的道理。所以老师要随着时日及学生的进步情况适时调整，使之往更深的地方练入，不是一成不变的，这才是真正的改拳。所以，改拳不是局限在外在的招式姿势而已，而是从调整、升进内涵着眼的。

说到手臂的掤劲，通过站桩手臂的捧提，要去查验学生所提之臂是否松沉，有无拙力存在，老师得有方法让学生去感觉，要如何弃掉拙力，使手臂松透，使气沉敛，这都需适当观察而做修正的。

在用法方面，通过推手训练，通过老师的喂劲经验去喂学生。内劲成就后，若是没有通过老师的喂劲，学生还是不会发劲的，即使站着不动让学生发劲，他还是不会发劲，老师得一直喂劲，加上种种的解说，让学生去摸，去感觉。

发劲，要有好几个条件的配合：

是桩功的成就，气能深沉入地，还要会打暗桩，借地之力，藉气之势。

是手的掤劲成就，手臂似松非松，绵里藏刚，刚而不拙，富有弹力。

是气的饱满凝聚，而与意念融为一体，意到、气到、劲到，脚到、腰到、手到，谓之内外六合，谓之整劲。

整劲，说来容易，做起来不易。初练时总是会断劲的，手脚不相连。初学者总是习惯用双手之力，不知用“其根在脚”的脚跟桩功，或者会用脚，但却连不上手。这些，都要老师一再地反复喂劲，不断地作调整修正，直到学生真正明了发劲的道理及感觉。

最重要的是虚实的变化。如果纯有功夫，却不会变化虚实，谓之不会活用，把功夫练死了。不会变化虚实，就是挨打的架子。老师在喂劲当中，要时时变化虚实，让学生去摸，去感觉，去练习听劲，使听劲反应灵敏起来，慢慢形成一种惯性反应，成为一种自然的反射作用，不需要眼睛的观察及意识的思维，在肌肤被碰触的刹那，甚至气感相应的刹那间，迅速地作出自然的反射作用，这就称之为“懂劲”。懂劲以后，就愈练愈精，渐至从心所欲，这样才算功夫成就。

“改拳”要改在内涵，才能使学生学而有成。若是七八年或十几年还在外表花式搞活计，谓之“误人子弟”，谓之“伪师”。

第 121 章　进退须有转换

十三势行功心解云：“往复须有折迭，进退须有转换。”有关“折迭”部分已有专文论述，请读者自行参阅，不再赘述。

“进退须有转换”有何涵义？在进退当中为何须有转换？又是转换什么东西？我们先来看前辈们对此句如何释义，某某大师谓：“进退不要（拘）泥一式，须有转换随机变化也。”这个释义，没有说到重点，因为原文已经说“进退须有转换”，既然进退须有转换，当然是不能拘泥一式的，否则就不必说“须有转换”。再者，“随机变化”大家都会讲，但变化的内容是哪些？要变化什么？则没有交代清楚。所以，某某大师并没有释义到此句的真正内涵。

某某大师谓：“凡有进退亦必要用转换，此为身法步法配合之一致，故须有此研究，方可以言变化。”某某大师的释义，虽有说到身法步法配合，但也没有讲到核心，解释得太过简略笼统。

综观两位大师之释义，并没有将此句涵义释示透彻清楚，一般读者阅读后，可能还是不能真正理解其义，或者只是一知半解，似懂而非懂。既然要释义，要出书，留到后代，就得详说细解，不能只是依文解义，含混而过，或稍有掩藏。

“往复须有折迭，进退须有转换”，乍看好像是一种文章的对称辞句，古人写文章，做诗对词，都是喜欢上下互对的，这样颂起来文雅而顺口，增添诗词之华丽。然而，行功心解如是遣词用字，并非着墨于文句的互称华丽，而实说明了两件功法，一是“折迭”，二是“转换”。“折迭”已有专篇论述，不再重复，今天的主题，是讨论“转换”。

“转换”，就是转化变换“虚实”。“虚实”，包含步法的虚实，身法的虚实，手法的虚实及气的虚实等。

《拳论》云：“虚实宜分清楚，一处有一处虚实，处处总此一虚实。”虚实贵在变化，不是刻意而固执地把步法分得清清楚楚。如果只固执地讲求打拳架时，把步法分得清清楚楚，而在用时，却不懂得变化虚实，终究还是挨打的架子，练的终究还是死功夫。“一处有一处虚实”，是说全身每一个地方都要有虚实变化，所以，要“处处总此一虚实”，处处都要有虚实变化，运用之妙，全在这个虚实的变化。

在推手或实战时，前进、后退，左（腾）顾、右（闪）盼，皆须靠步法、腿法的疾速转换虚实，即使在定步不动时，亦能将支持身体重心的下盘之脚跟的虚实，灵活转换，要化、要接、要打，打而必得，发而必中，都是依靠虚实的神变转换。

步法的转换之疾速是有前提条件的，必须有坚固的桩功做基础，若桩功不成就，不能使“暗劲”打暗桩入地，那么在前进、后退，左腾、右闪时，定然造成身体重心的虚浮飘渺，即使动作再快，也是虚快，起不了变换虚实的作用，还是挨打的架子。步法的转换，不是局限于前进后退之间而已，还有如八卦的摆扣、游走、穿梭，形意的后脚蹬、双脚打桩蹬，前脚后撑、双脚后撑打桩等。

腰身的转变虚实，得由下盘的脚跟来触发引动。虽说“主宰于腰”或“腰为主宰”，但腰的主宰原动力，是来至于脚，脚才是根本，所以才会说“其根在脚，发于腿，主宰于腰”。会“使腰抖劲”的人，会“震身功”的人，会“苍龙抖甲”的人，一定是桩功成就的人，一定是会打暗桩的人，一定是入地生根的人。这些成就者，一定知道我在说什么。

手法的转变虚实，同样是由下盘的脚跟来触发引动。还是那句老话："由脚而腿而腰，形于手。"重点在于"总须完整一气"，也就是整劲的意思。

手法的转变虚实，也是有前提条件的，必须有"掤劲"做基础，手一提一举，似松非松，似直非直；曲中有直，直中含曲，曲蓄而有余，将展未展，藏而不露，藏而含蕴；松柔中有极坚刚，松而不懈，绵里藏刚，刚而不拙。

手的虚实转换靠的是触觉，凭的是"听劲"，以触觉的"懂劲"还虚神灵，不需通过意识传递的一种自然反射动作。

"气"的转变虚实，这是比较深层的虚实转换。其实，所有的虚实变化，都是以"气"来掌控的，若无"气"做基础，就无法引气下沉至脚跟，入地打桩，前撑后蹬地去快速转换虚实，以及做发劲的动作。而"气"的储藏所，就是丹田气海，就是腰间，也就是十三势歌所谓的"刻刻留心在腰间"，也是之所以要说"主宰于腰"的原因。十三势歌云："转变虚实须留意，气遍身躯不少滞。"已然很清楚地交代，虚实的转换，最重要、最要小心留意的就是"气遍身躯不少滞"，也就是要将气传达到遍布到全身而不呆滞的灵活转换虚实，也唯有这样，才能达到"屈伸开合听自由"的灵敏懂劲之境地。

"气"的虚实变化，在接劲、化劲时，只是被打得地方一松一沉而已，不是全身歪七扭八地去走化，不需手去招架格档，只是"气"的一个松沉，即可化去来力，这才是真正懂得变化虚实之人，才是懂劲之人。

发劲打人，也是"气"的作用，手只是传达的工具、只是被借用的工具。在发劲时，腰间丹田一凝一聚，将“气”同时同步疾速引至脚底涌泉，借地打桩之反弹劲，由腿而脊而手，完整一气，快速引爆，是迅雷不及掩耳的。

综上而言，“进退须有转换”，是涵盖着脚、腿、腰身、手、及气五大要素的虚实变化，与拳论所谓的“其根在脚”“发于腿”“主宰于腰”“形于手”“完整一气”是遥遥相对、相呼应、相托称的，是环环相扣，互为贯串的。

此外，进退的转换，也蕴含着招法、招式的变化。譬如，我按对方，被化去，即转换为挤或靠，贴身打入；或我被对方双按，走化承接后，即以采或捋应之。这是招式、招法的虚实转换。

总之，拳法无定法，拳法的运用有如兵法，运用之妙，存乎一心。没有固定的招式，没有固定的势法，在诡谲的战斗中是瞬息万变的，在进退之中如何去掌控转换虚实，转换招势，如何拿捏、取舍、变化，都需通过实际的体验之后，才能领会，绝不是听听、看看、多闻而可以致之。当你心领神会、融会贯通之后，说出来的拳论、拳理，就会有实质的内涵、分量，读起来，不会让人感觉空洞无物，抄来抄去都只是人云亦云的翻版模式，没有自己的东西。

写拳论，定然要有自己的体验证悟后，才能融会贯通，知道拳经、拳论在说甚么，写出来才会掷地有声。要释义经论，经论里的每一句都可以写一篇专文。要释义，就必须阐释论述得详细深入，如果一言带过，依文解义略过，那是“翻译”，将文言翻为白话而已，不能称为“释义”。

第122章　能呼吸，然后能灵活

《行功心解》云："能呼吸，然后能灵活。"呼吸跟灵活究竟有何关系？这是太极拳初学者普遍的疑问。

不知者都会认为，呼吸，只是鼻间的出入息，跟动作的灵活怎么会有关联呢？

如果是一般人之纯粹呼吸，当然与"灵活"是无涉的。呼吸是鼻子的事，灵活是手脚的事，似乎是不会连结在一起的。

《行功心解》是写给功夫成就者看的，若你练到那个水平，那个境地，自然知道他在说什么。

"能呼吸，然后能灵活"。前面那个"能"字，是指会呼吸、懂得呼吸的意思，后面的"能"字，才是能够、可以的意思。整句的意思是说，你懂得呼吸的道理后，才能够有灵活的操作表现。

呼吸，大家都会，睡觉也能呼吸，昏迷也能呼吸，不能呼吸时就一命呜呼了。所以《行功心解》所谓的"呼吸"，不是一般生理上的呼吸，而是"行功"时的呼吸。

那么，何谓"行功"？行功与一般的气功相同吗？答案是否定的，因为一般的气功，只能健身，不能因"行功"而练出"功夫"来。太极拳的"行功"内涵，全部在行功心解里面，读者要须在"老实练拳"中去认真会心体悟，而不是在文字间去钻研琢磨，去钻牛角尖，否则一辈子也转不出来，被困在死胡同之中。

《行功心解》云："以心行气，务令沉着，乃能收敛入骨。"开宗明义，已然点出"行功"之重点。以心行气，是以清净无染之心来行功运气；若心不清净，成天想东想西，妄想一夕成名，不老实练拳，妄想快速成为武功高手，这样，永远没有办法以清净心行气。心不清净，气就染浊，气染浊，则虚浮飘渺，无法沉着。气不沉着，则不能收敛入骨，也就无法成就累积极坚刚的内劲。所以练功，首重内心之清净。

沉着，靠的是松柔，松柔而不着一丝拙力，气才能通顺无阻，然后通过运气，使气腾然，腾然后，气就会沉敛而深入潜藏于骨髓之内，与骨髓凝结相融，日积月累后就形成一种沉劲，成为一种量能。

"极柔软，然后极坚刚"。一般外行人，总是否定这句话，也无从理会这句话的内涵，只有极少数练太极者，练形意、八卦内家拳者，稍能体会。

"极柔软"是不着一丝拙力，不是松懈、懒散、轻忽。很多练太极者，把"极柔软"误解为松懈、松散，成天跟人讲松、松、松，结果松了一辈子，到老还是一场空，没有练出"极坚刚"的内劲，真是令人惋惜与扼腕，因为师父教错了，自己体会错了。

"极柔软"是指在不着拙力之中，须借着"呼吸"，借着"以心行气"的行气运功，将"气"藉由松净、吞吐、鼓荡、折迭、转换、蕴蓄等诀要，令气腾然，而转化、汇聚沉积成为实质能量，也就是极坚刚的内劲。

内劲功体成就后，通过推手之粘连黏随的听劲练习，使肌肤、神经触感产生灵敏反应作用，成为一种惯性作用，也就是所谓的"懂劲"阶段，此后，就能愈练愈精，默识揣摩，渐至从心所欲。

到这个境界，你终能体会"能呼吸"的真正内涵。在体用并藉之中，如何借由呼吸去运使内气，去蕴蓄、吞吐、鼓荡、折迭、转换，使这个气转化成的能量活络爆发出来，这时，你才是真正会打太极拳的人，才堪称为内家拳的练家子。到这个地步，打起拳架，才有内容，才有拳味，才有真馅实料，不是空洞的“松”，不是空无一物的太极操，不是被人所取笑的花拳绣腿。到这个地步，才能与人论“拳”。

推手实战的条件，涵盖着下盘桩功的成就、掤劲的成就、气的凝聚饱满成就、内劲的敛聚成就等。这些成就之肇始，皆需藉由呼吸的牵引、行运，始能致之。当功体成就时，当听劲、懂劲成就时，终能知晓为何“能呼吸，然后能灵活”之道理。

打拳，不外是外表肢体的活动以及内里气劲的“蓄”与“放”，内外相合，连结贯串。所以，在蓄劲与发劲的时候，虽然犹有鼻间的呼吸出入息，而实际大部分是内气的蕴蓄、吞吐、鼓荡、折迭、转换等。此时鼻间的呼吸出入息，只是被依借而已，只是被衬托而已，只是处于配角的地位而已。会运气的拳家，能凭靠丹田之气来蕴蓄、吞吐、鼓荡、折迭、转换，能藉内呼吸行气而蓄劲与发劲。

气与劲，是靠意念驱动的，所谓意到、气到、劲到是也。意的牵引是疾速的，是迅雷不及掩耳的。所以，真正会“呼吸”的练家子，真正会运气的拳家，无论收放，皆能由意念牵引，由意念牵动呼吸，导引内在的气劲同时蓄积或引爆，这就是“从心所欲”。

到“从心所欲”的境地，就是“灵活”的境地。这就是“能呼吸，然后能灵活”的真义。

说到“灵活”，就会牵涉到虚实的变化。虚实的变化，不局限于脚的比重虚实，因为“一处有一处之虚实”，因为“处处总此一虚实”，这不是绕口令，里头蕴藏着很多道理。虚实，有脚的虚实、腰身的虚实、手的虚实等，最重要的是气的虚实。气的转换，可以变化虚实，譬如，对方按我，我气一松一沉转虚，走化来力，譬如，对方一拳打过来，我不走不化，而是气一凝一聚转实，把来力掩盖过去奔放而出，这是气的虚实变化；气能随心所欲地变化，则谓之“灵活”；气的变化，依藉的是丹田的蕴蓄、吞吐、鼓荡、折迭、转换，而丹田的所有运作，离不开呼吸的配合，内外不能分开。

所以，“能呼吸”，就是懂得练拳练功的方法，知道如何呼吸，如何运气，如何蓄劲，如何放劲，这些都能“从心所欲”了，始得谓之“能呼吸”，否则都还是不会呼吸；不会呼吸，就不能灵活，不能转变虚实，成为一个道道地地的“挨打的架子”。

能呼吸，在打拳时，外表是平常的呼吸，身体里面的呼吸运为却是多彩多姿、千变万化的，节奏是快慢相间，抑扬顿挫的，有时如行云流水；有时似万马奔腾；有时是风平浪静；有时则暗潮汹涌；有时是惊涛骇浪，石破天惊；有时是涟漪微微；余波荡漾；有时静如处子；有时动如脱兔。

呼吸有长有短，有快有慢，有深有浅，有大呼吸有小呼吸，有顺呼吸有逆呼吸，有折迭的呼吸，有蕴藉能量的呼吸，有蓄放的吞吐转折，配合着腰胯肢体的连动，构成一幅精彩绝伦、赋有生命灵气的武术动画。

内家拳的呼吸，虽然要求细长慢匀等，但绝不是死气沉沉的，绝不是呆滞平淡的，绝不是一成不变的。内家拳不是一幅平版画，而是一幅充满生命朝气的动画，随着时间与空间的变换转移，而有不同的生命呈现。

一呼一吸，一吞一吐，一蓄一放，一虚一实，一阴一阳，一柔一刚，一松一凝等，都是“气”的神妙转换变化，转换不灵则滞，转换得灵则活。手脚肢体的虚实变化，有时间与空间的条件，有“双重”的问题，也会局限于“一处有一处之虚实”的框框里，是属于有形的。气，是内在的暗劲，暗藏在内，看不见，属于无形的。有形的肢体，需要肌肉、神经、骨骼等去牵动，时间空间都会受到阻碍，无形的内部之气，乃由意念驱动，疾速而无碍，所以能灵活。

《行功心解》云：“行气如九曲珠。”“运劲如百炼钢。”“静如山岳，动若江河。”“蓄劲如开弓，发劲如放箭。”“曲中求直，蓄而后发。”“往复须有折迭，进退须有转换。”这些都是在讲呼吸运气的，有了这些呼吸运气的配合运为，才能完成“极柔软，然后极坚刚”的功体，才能达到“能呼吸，然后能灵活”的境界，才能藉由呼吸去掌握蓄劲与发劲的机势，也唯有藉由呼吸而灵活地转化虚实，才能达成“人不知我，我独知人”的灵敏高深境界。

太极阴阳诀云：“太极阴阳少人修，吞吐开合问刚柔。正隅收放任君走，动静变化何须愁。”阴阳就是虚实变化，吞吐开合就是呼吸、运气；能呼吸运气，即能变化虚实；能变化虚实，即得灵活；能灵活，即能“正隅收放任君走，动静变化无须愁”。

第 123 章　落　胯

“落胯”一词，在太极拳里常常会听到，其他内家拳有的称之为“下腰”或“束身”或“裹腹”或“撑裆”等，意思都是大同小异的。

落胯又称坐胯，就是要把“胯”坐落下去，使胯有一个“落插”。插，就好像插香，要插得直、插得正。胯为什么要“落插”，因为胯插直了、插正了，身体的重心就有了依靠，就能使身体得到中正、平衡，不会摇摆、晃动。

胯，不只要落，还要坐。落，是往下；坐，除了往下还要往后，胯有往后“添”，有往后加移，才能增长桩法的稳入，虽然练起来很吃力、很辛苦，但在桩功成就后，才能享有发劲的甜美果实。很多学习者怕吃苦，练站桩或基本功或拳架不肯将腰胯坐落下去，想成就功体是比较困难的。

胯有了坐落、添陷，它才能支撑上半身的重力，才能将重心直达而透于脚跟，不会让膝盖受力太重，而造成膝伤，不少练太极拳的，练成膝盖受伤，都缘之于没有落胯的关系。

那么，为什么明知打拳要落胯，但是却做不到、做不好呢？

为师者没有严格要求，或者是为师者不知这层道理。

没有从基础学起，也就是说初学者一上来就打起拳架，他没有桩功的基础，也没有先从基本功起练。因为没有桩功的基本，下盘不稳，因为没有通过落胯而将体重落接于脚跟，在移动变换步法时，就会使膝盖受力过重，长年累积下来，膝盖软骨就会受到磨损，造成膝盖疼痛。

胯，就像一个鼎。鼎脚撑住了鼎身，必须是稳固而平衡的。若鼎身歪斜，没有落插到与鼎脚形成一个平衡支撑力点，因为鼎身的重量大于鼎脚，若鼎身重量没有平均落接于鼎脚，这个鼎将会成为跛脚鼎，不能稳坐，不能鼎足而立。落胯就是为了使腿往下贯串连接于脚跟，由脚跟来支撑平衡身体的重量，这与鼎的道理是相同的。

在“气沉丹田”累积达到某一个质量时，可以感觉到“气”的重量与沉坠感，它是有某些程度的分量的。如果胯不落插，这个丹田气就难有依怙，就会散漫而不凝结、聚集。所以，束身、下腰、撑裆，都是为了使丹田气更为凝聚、结集的关系，在发劲时，在接劲时，都必须有束身、下腰、撑裆的动作，在这些动作下，胯当然是要落沉的。

落胯与发劲有所关联吗？当然有。《拳经》云：“其根在脚，发于腿，主宰于腰，形于手指；由脚而腿而腰，总须完整一气。”拳经说，发劲的根源在于脚，由脚而腿而腰，形于手，都须要完整一气的。完整一气就是整劲的意思，劲要完整，不能分散，所以，下、中、上三盘都要完整，都要绵接贯串。主宰于腰的腰，当然是涵盖了胯的，腰胯是不分离的。发劲的根源在于脚，所以发劲时，下盘脚跟是要打桩的，把桩打入地底，产生反弹折迭劲，上传中盘的腰胯，形于上盘的手。下盘与中盘之间，脚跟、膝盖与腰胯必须形成一个对等平均的角度，如果腰胯不落沉，这个角度就成立不起来，三者之间的互依、互撑、互靠的力就无法结集，力道、劲道就会分散，没有办法完成一个“整劲”。

再来，说到“主宰于腰”。这里《拳经》所说的“主宰于腰”的腰，是直指内在的丹田的。因为发劲的主宰就是丹田，如果没有丹田气的引爆，脚跟是无法打桩的，若是用外在的蛮力去打桩，那个桩也是笨拙的，不疾、不快、不利、不脆，那么它所引生的反弹折迭劲，也就不疾、不快、不利、不脆，这就不是真正的发劲，是归属于拙力的范畴。

依循这个方向来思维，这个桩打下去所引生的反弹折迭劲，需是循着脚、膝、胯而上传形于手的，这节节之间，都是要有弹簧性的，也只有弹簧性所产生的弹簧劲，才是太极之劲，缺乏弹簧性的发劲，都还隶属于拙力的范围，不是太极的发劲。

所以，这脚、膝、胯的节节之间的弹簧性、折迭性是不可或缺的，所以，因落胯所形成的弹簧性、折迭性是必然要具备的。以此而观，落胯在发劲时，是必具的。发劲如此，接劲也是如此。

在发劲时，当后脚脚跟打桩入地，就能自然地引生反弹折迭劲往上传，此时左右两个胯都是要落沉的，也因为胯的落沉，而与膝、脚形成一个对等的二争力，使后脚在打桩而力量入楯时，因前脚的后撑力接引至胯上，产生一个后坐力道，让手在按打对方时有着力点，有了着力点及后座力所产生的折迭劲，这个劲打出去，才会脆，才会利，才会扎实，才会令对方奔跌而出，这样发劲才发得漂亮，不会拖泥带水。如果后脚的胯不落沉，身体就会虚浮起来；如果前脚的胯不落沉，脚就无法撑地，无法产生二争力，无法产生后座反弹力，这样，手就会打空，劲道无法落实。

胯的撑裆，与肩的催肘、催手是相同的。手的发劲是靠肩催肘，肘催手；肩，必须有依靠力，若是肩没有依靠，手是打不了人的。上盘的手，肩是它的依靠，中盘的身，胯是它的依靠，下盘的腿，脚是它的依靠。所以，肩、胯、脚是三盘的根节，三盘的根都落沉，叫作三盘落地。唯有三盘落地，互依互靠，互相连接贯串，发劲才能落实而发生作用，如果劲道分散，没有完整一气，都还是局部力，都还是落到拙力的范围，不是真正的太极发劲。

如何检验自己有没有落胯呢？这不只是初学者普遍的问题，很多学拳多年的老先生，犹不知自己打拳到底落胯了没有。

简单的检验方法是，可以自己照镜子，看身子有没有中正安舒，若是后仰，胯就会往上浮，若是前腑，则后腿的胯就显得无支撑力。还有，胯如果有落沉，裤裆会有凹陷折痕，这是可以观察的。

胯落沉了，会连接到脚跟，可以感觉胯部有承载力，脚跟稍一用力，胯就会有感觉，因为二者是一气相通的。

胯不落，气沉不到脚底，在推手时，因为脚的虚浮，劲道无法与膝、胯相连接，手就会打空，也就是“落空”的意思。因为脚跟虚浮的关系，无法营造出与膝、胯的对等均力，也就无法引生反座力，所以就会打空，就会落空，落空就是挨打的架子。

落胯，是气沉丹田的筑基功夫，胯不落，腰不下，身不束，裆不裹，则气不沉不凝不聚不敛；气不沉不凝不聚不敛，则练拳无益，无法成就太极功夫。

第 124 章　撞墙功与发劲

撞墙功，是以身体背部去靠撞墙壁，因撞击力的振荡，使五脏六腑得到运动，促进气血循环，达成健康的效用。

练习撞墙功，背部要平正，靠撞时，以不撞到脊椎骨为原则。初练，宜适力、适度，动作速度不可太快，要有节奏。在撞墙之瞬间，需气沉丹田，并将气凝聚运至背脊，使背部形成一层气囊，这样才能保护脊椎不受伤害。在此同时，嘴唇微张，随着丹田的鼓荡作用而自然发出“哼”声或“哈”声，如此可以使气的流通更顺畅，不致憋于腑脏之内而受到内伤。而且，做“哼”“哈”之声，有助于丹田之气的聚集。

没有练过太极等内家拳的人做撞墙功，以松柔自然为原则，以不让筋骨受到伤害为原则。练过太极等内家拳的人，可将撞墙功作为发劲的练习，脚跟可以打桩，借地之力，就好像真的发劲一样，只是把发劲的手变成背靠而已。内劲成就而且会发劲的人玩起撞墙功，震墙力道非常惊人，要把墙壁撞倒，似乎也有可能。

有人如是主张：“撞墙功最忌刻意用脚撑撞大力，因为你一用力就不松，脏腑自然就不会运动，也就失去净化体内的作用。所以，凡事以自然为师，当身体逐渐松沉后，上轻下重，轻轻往后躺，也就会发出很大的撞击声响。不过那是自然形成，而不是故意用脚撑撞大力，否则不但达不到效果，也可能造成内伤，那就失去其养生的意义了。”

这话对于没有内家拳基础的人是合适的。但内家拳有成就者，却可以把撞墙功当作“试力”“发劲”的练习。那么，在发劲时，是得靠脚跟之暗劲去打桩的，而且，在打桩发劲时，是得靠丹田之气的凝聚运行，将气运至全身各部位，这对于强化体内脏腑能起到更大的作用。所以，凡事以自然为师是个原则，只要不刻意违反自然原则，在自然原则的道理之下，要寻求更深入、更升进的修炼，功夫才能更上一层楼，如果泥守自然，不求变通升进而故步自封，功夫是不易成就的。

撞墙功的延伸，是发劲的试炼。可以变通地将背部靠转化为肩靠或臀靠，有一天，靠出了心得，领会了太极八法中的“靠”功，将是练撞墙功的另一种额外收获。在这里，个人就有些另类的主张思维。

撞墙功，对内家拳而言，是一种另类的发劲功夫，既是发劲，当然涵盖了下盘功夫的稳固，桩功需能入地生根，能借地打桩，在打桩撞墙需是完整一气的贯串连结，同时同步，气与肢体内外相合，完成一个“整劲”，会打桩，会发劲，会运用气的鼓荡作用打出的撞墙功，与那些轻轻往后躺所发出的撞击声响，是天差地别的。它是冷脆而疾速的，不是自然的碰撞声，而是一种气爆，是一种爆发摧破的劲道，与自然形成的力道，是不可同日而语的。所以，在做撞墙功练习时，可以双脚用劲，以脚之暗桩，借地之力，撑蹬撞击。没有学过太极内家拳的人，不会发劲的人，还是以自然之势轻轻往后躺为宜，以免内脏受到伤害。

会使暗劲打桩，丹田之气凝聚浑厚的人，可以藉撞墙功，可以借下盘脚跟之劲去发劲打墙，绝对不会造成内伤，反而因为知道气沉丹田、气运腑脏之原理，而更增进强化内脏功能，所以不会失去其养生的意义，也因为通过撞墙功的练习方式，转化成内劲发劲的练习，而成就内家拳发劲的功夫。

在外面，有时找不到墙壁可做练习时，不要以树干当练习器具，因为树干都呈圆形，去撞树木比较容易伤到脊椎，也无法全面地震荡内脏，弊多于利。

自撞功：如果没有墙壁可借助练习，有一个变通方法：双手张开，吸气，往内交叉，以手臂内侧弯撞击胸部。撞击的瞬间，要气沉丹田，气要凝聚在被打击的部位，气囊要鼓荡起来，使双臂打到的是内部的整片气囊，胸部只是被依藉的工具。撞击时，依然是两脚打桩，也是发劲的打法；打时做“哼哈”二气，将废气排出。

在清晨起床后，稍微做一下热身，就可以做这个撞胸运动，将整夜累积在体内的废气毒素排出，对身体有极大的养生效益。

做完撞胸功约三十下后，可以用手刀砍打下腹丹田处。打击时，丹田之气要凝聚汇集，脚要打桩，做一个“接劲”动作，瞬间顺势反弹，借丹田之气的弹抖劲及脚跟的打桩劲，将手震弹奔跌开去，好像把一个假想对手发劲弹打出去一般。这个动作，可以自我练习“听劲”，习惯了这个“打”，这个“接”，这个“弹”，使它成为一种“惯性”，在日后的推手练习，就能使“听劲”更迅速灵敏起来，自然反射作用也会逐步生出。

手刀砍打下腹丹田处约三十下，手往上打击中腹、心窝、两侧腰、后腰两肾、脊椎、胯骨、臀部、大腿、小腿等。有些地方适宜用手刀打，有些地方则宜用手掌或掌背打。

拍打功：利用右手掌拍打左肩，左手甩向后背以掌背拍打右肾，然后再左右交替拍打。打完肩肾，接着拍打颈部，也是两手交互拍打；然后用手掌拍打胸部、肋骨，以至全身每个方寸都打透。

接下来，伸展腰部、弯弯腰、劈腿拉筋等。也可以以这些动作代替热身运动，大约十分钟时间，接下来就开始练正规的桩功、基本功、拳架练习。

所谓“外练筋骨皮，内练一口气”，这是另类的练法，借着自撞功及拍打功，使内脏之气血得到鼓荡运行，也使肢体肌肤得到润滑作用，这也是内外兼练、内外相合的练法。

第 125 章　腰胯带动四肢

有读者请教一位太极老师谓："郑曼青先生曾说，涌泉无根腰无主，力学垂死终无补。杨式太极拳又言到，力发于根，主宰于腰，形于手指，依此言之，似乎'必于腰腿求之'。只是打太极拳时，该当先扣脚或是先转腰胯呢？我自己觉得似乎先转腰胯较为舒服，不知是否正确？此点想请问老师，谢谢！"

老师回答曰："腰胯带动四肢"，亦即腰胯犹如车子的方向盘，而手脚就是前后轮胎，身躯就是车身，只要方向盘（腰胯）一动，整部车包含轮胎（手脚）和车身（身躯）全都要被带动。所以您说是先扣脚还是先转腰胯呢？当然是腰胯为主宰带动虚脚及身体"同时动作"（一动无有不动）。因为太极拳的基本动力发源于两脚，传至人体中心的腰部，再由腰部传至作用点之末端。也就是说指挥此劲力者乃为腰部，所以才说"主宰在腰"，而劲力的传达一定要全身整体的协调配合，方能发挥其整体应有的劲道啊！

在此首先声明，"涌泉无根腰无主，力学垂死终无补"，这句话是《太极体用全歌》里所说的，不是郑曼青先生说的。至于这位读者与老师的说法是否正确，见仁见智。拳经所谓"其根在脚，发于腿，主宰于腰，形于手指；由脚而腿而腰，总须完整一气"，是在阐述无论是打拳架或在发劲之时，他的根本是在于脚，是"由脚而腿而腰"的，如果

“涌泉无根”，这个“根”如果没有先发动，腰是无法驱动整个身体的，这个可以自己亲自去做体验。所以腰不是全方位的方向盘，腰可以牵动上半身，但是无法引动脚与腿，而且，腰的牵动上半身，还是得靠脚根入桩才能引动。

所以，“腰胯为主宰带动虚脚及身体”的说法，是值得探讨的。因为，腰胯无法自行带动脚及身体，而是得靠另一只实脚之脚跟的暗桩入地才能牵动，若无这实脚作为基座，以地作为支撑力点，绝对无法带动上半身，也将失去省力原则与发劲原则。

那么，拳经所谓的“主宰于腰”又该当如何解释？腰，涵盖腰肾及丹田气海，是储藏气的地方，丹田之气凝聚饱满了，才能输送运行到全身各处，才能以心行气，以气运身。《十三势歌》云：“刻刻留心在腰间，腹内松净气腾然。”刻刻留心在腰间的意思，就是要意守丹田，腰间就是指丹田。意守丹田，则气不散漫，气不散漫，则能沉于丹田。丹田之气如果能够松净，则气腾然，而后收敛入骨，汇聚成劲。

“主宰于腰”，意谓腰（丹田之气）为驱动身体的主要枢纽，“主宰于腰”更深入的说法应为“主宰于气”，以气为主宰。若无气先发生作用，则所有的动作将会停摆，没有气，生命也将停止活动。发劲之时，以气（腰）为主宰，才能驱动四肢，打拳架行气运功，以气（腰）为主宰，才能任运百骸脏腑。所以，气（腰）于“内”而言，是为主宰，毋庸置疑。

于“外”，依物理原理而言，要牵动身体之腰胯身手，一定得由脚作原动力，由脚跟作主宰，才能引动身体。譬如，拔河运动、掷标枪、铅球、铁饼等，绝非以腰牵动手脚。太极发劲的原理也是一样，是“其根在脚”的，由脚而腿而腰，形于手。

那么，《拳经》为何要说“主宰于腰”？若是依文解义，似乎是有矛盾冲突的。其实不然，《拳经》所说，并无矛盾之处，也无冲突之处，《拳经》所说的“主宰于腰”，是指内在的气，不是外形肢体的腰，如果把它当成外形肢体的腰，就会有矛盾冲突处。所以，于外而言，是“其根在脚”，于内而言，是“主宰于腰”。

《太极体用全歌》谓：“涌泉无根腰无主，力学垂死终无补。”涌泉无根是指下盘的脚没有根本，桩功没有成就；腰无主，是指丹田之气没有成就，于内无法做主宰，气使不出来，要发劲若无气做主宰，去引动下盘的根去打桩，是发不了劲的，所以，于内，腰（气）是主宰。然而，有内就必须有外，是谓之内外相合，于外，就必须藉由脚跟借地之力，去牵动身体，形成一个下上相随。相随是由下而上，不是由上而下，也不是由腰牵动上下。立足点的脚是牵动身体的枢纽，腰在站立时，不是立足点，所以只能借由脚之枢纽而牵动上身，不能由不是立足点的腰，反向去牵动脚。

上面的老师所说：“‘腰胯带动四肢’，亦即腰胯犹如车子的方向盘，而手脚就是前后轮胎，身躯就是车身，只要方向盘（腰胯）一动，整部车包含轮胎（手脚）和车身（身躯）全都要被带动。”这个说法，乍听似乎成逻辑，但笔者的看法，认为腰胯不宜引喻为方向盘，因为腰胯无法借地之力，无法借力使力，因为缺少一个基座支撑，除非是躺着，以腰胯为基座，作为支撑点，这种情形之下，腰胯才能作为车子的方向盘，才能方向盘（腰胯）一动，整部车包含轮胎（手脚）和车身（身躯）全都被带动。

此师谓：“因为太极拳的基本动力发源于两脚，传至人体中心的腰部，再由腰部传至作用点之末端，也就是说指挥此劲力者乃为腰部，所以才说‘主宰在腰’，而劲力的传达一定要全身整体的协调配合，方能发挥其整体应有的劲道啊！”

此说似有矛盾处，何故？因为这是于外而说的，既说基本动力发源于两脚，传至人体中心的腰部，再由腰部传至作用点之末端，为何还会指挥此劲力者乃为腰部？若是指挥此劲力者乃为腰部，则拳经当不会说："其根在脚"，似应改成"其根在腰"。所以，拳经所谓的"主宰于腰"，不是指形体上的"腰"，而是指"于内"的腰——丹田之气。

此师所谓："劲力的传达一定要全身整体的协调配合，方能发挥其整体应有的劲道。"就是拳经所谓的："总须完整一气"。既是"完整一气"，当然是"由脚而腿而腰"的，而不是由腰而腿而脚，形于手。

若是将"主宰于腰"之句，解释成内部丹田之气，似几可以成理，因为气是"于内"的，气是无相的，气是被意念所牵引的，它可以主导全身，意到气到劲到，不需由任何区块来牵引，而是由它来牵引任何区块，所以"气"才是全身内外之"主宰"，这样来说"主宰于腰"方是成理，否则就会有矛盾处，有冲突处。

气（腰）虽为全身之主宰，但气的引爆，需要借助身体四肢为依藉，就像炸弹之爆炸，就像瓦斯桶的气爆，就像油箱的爆炸等，若只内部的炸药、瓦斯气、气油燃料等，而没有外面坚固的铁皮包裹着，就无法施展爆破的威力。所以，发劲，腰（气）是主宰，但于外需借助脚来打桩入地，内外相合，劲才能弹爆出来。

所以，于外是"其根在脚"，于内是"主宰于腰"，这样解释拳经，才能圆融、圆满，而不会产生矛盾。

第 126 章　双重之病未悟耳

王宗岳先生的《太极拳论》曰：“偏沉则随，双重则滞；每见数年纯功，不能运化者，率皆自为人制，双重之病未悟耳。”

一般的太极拳老师，都把两脚站立的比重相等，解释为“双重”，认为这就是王宗岳老前辈所说的“双重之病”。若是这么简单，老前辈就不会说“未悟耳”这三个字，如果只把两脚站立的比重相等解释为“双重”，就没有所谓的悟不悟的问题，只要把两脚的重量调整好，分清“虚实”，那不就没有病了？如果真这么简单，那还有什么可“悟”的呢？

下面我们将整段文字一一化解，庶几可以了解前辈语重心长的叮咛，是在说些什么道理。

首句“偏沉则随”。“偏”，就是侧重一面，偏移转换方向、角度之意，所以“偏”不局限于双脚比重的偏，还涵盖全身虚实的转换，更深入地说，它是涵盖“气”的虚实转换的，因为《行功心解》有谓：“能呼吸，然后能灵活。”所谓“能呼吸”就是知道如何呼吸，懂得如何呼吸，这里所说的呼吸，不是指鼻腔出入息的呼吸，而是指丹田之气的蕴蓄、吞吐、折迭、转换、运为等，所以才要说“能呼吸”。如果是鼻腔的呼吸，任何人都会呼吸，则不需谓“能呼吸”。能运转丹田之气去转变虚实，才得谓之“能呼吸”，懂得了丹田的呼吸运转变化，才能到达

“能灵活”的境地。所以，如果把“能呼吸”误指为鼻子呼吸，那么，与“能灵活”又有何涉呢？若是把“能呼吸”误指为鼻子呼吸，则将是“失之毫厘，谬以千里”，误会大矣。

“沉”，在方向偏移、转换、侧重一面后，还要沉。沉，包含肢体的沉与气沉。沉，才能“接劲”，把对方来势、来力承接起来，所以，如果没有练出“沉劲”，而只是双脚在那边移步、腾挪或身体在那边摇晃、俯仰，都还是属于不会“化劲”或“接劲”的人，都是“功体”未“纯”之人，都是“纯功”未成就的人。

“偏”，有肢体的架构形态，属于外形的；“沉”，除了外形身势下沉外，还涵盖最重要内涵的气的下沉，若只是身体下沉，而气不下沉，仍就不能接化来势来力，就会变成以身体的歪七扭八姿势去应付走化。

回想当年笔者与师伯黄先生推手的情况，无论我怎么用力攻，师伯都只是气一沉一松，就轻易地将我的攻势化于无形，这才是高着，哪还用到身体在那边偏来转去，只差没有把骨架扭歪拆散而已，真是天差地别。

“则随”。随，是跟随，跟着走，把对方的来势、来力因为自己方向的偏移、转换、侧重一面后，跟随着走化掉，而随顺我的势力，顺势把对手打发出去。“随”意涵着随打之意，化打之意，化而打之，化打一气，化就是打，打中有化，这才是深谙变化虚实之人，而不是孤行一意的以偏概全的主张“全身重量只许放在一只脚上……若两脚同时用力就是双重”。双重的深意，如果只是局于两脚同时用力，没有把全身重量放在一只脚上，那拳经之论显然已被肤浅化、低略化，价值就被大大贬抑了。

“双重则滞”，滞，是不流动，不畅通，不顺遂，行动被控制住，无法逃脱，一举一动都是滞碍难行，被牵制得动弹不得。为什么会被牵制、被掌控，不能化解，那就是犯了“双重”的毛病。

好，从这儿我们可以来探讨，如果“双重”只局限于两脚，那么，当两脚站死时，身体是否还能动转？当然是可以的，当两脚站死时，气是否还能转换？当然也是可以的。所以，虚实变化是涵盖全身内外的，上下内外都能变化。《太极十三势歌》云：“命意源头在腰际；变转虚实须留意，气遍身躯不少滞。”在腰际，是指丹田之气。《十三势歌》说，变转虚实须留意，气遍身躯不少滞，如果变转虚实只要留意两脚，那就不需说留意。后句又说，气遍身躯不少滞。气遍身躯，不只是全身之气的遍布及饱满而已，还有气的变转虚实，譬如右边被按了，右边的气变松转虚，让对方的势力落空消失，失去着力点，这就是拳论所说的“左重则左虚，右重则右杳”。左重则左虚，右重则右杳，这句当然是涵盖肢体的走化与气的虚实变转的，不是只局限于两脚的比重变化而已。

《拳经》云：“虚实宜分清楚，一处有一处虚实，处处总此一虚实。”虚实宜分清楚，不是外表形势上把虚实分得清清楚楚，分清楚，是指知所变化，在变化中还有虚实，这才是真正的分清楚。若只固执死意地坚持“全身重量只许放在一只脚上……若两脚同时用力就是双重”，则非真懂虚实分清的实质义。“一处有一处虚实”是说全身上下内外每一处都能有虚实变化的机制，不单指双脚一处，所以才会强调一处有一处虚实。“处处总此一虚实”，所有变化的机制，都涵盖在这虚实的灵活变转，如果虚实只局于双脚，则拳经就不必如此重复论叙这个虚实了。

“每见数年纯功，不能运化者”。王宗岳老前辈常常见到，每见，就是常常见到，屡见不鲜之意。“数年纯功”，是指已经练了很久很多年，“功体”纯熟成就之人。纯功，纯粹指“体”而言，不涵盖“用”，是指没有“体用兼修”之人，功体虽然纯熟练就了，但是不会运用，所以就

“不能运化”，不懂得应用变化。运化，当然是指听劲的运作与虚实的变化。如果只会“全身重量只许放在一只脚上”，还是属于“不能运化”者，因为犹是不懂“一处有一处虚实，处处总此一虚实”之真义者，对虚实之义没有融会贯通者。

既然已经数年纯功成就了，为何还不能运化呢？乃因不会“听劲”，不懂得真正变转虚实之理，以为“全身重量只许放在一只脚上”就已然是分清虚实了，就不是双重了。

“率皆自为人制”。对虚实真义没有融会贯通，就会“率皆自为人制”，就会被制于人，被人所控制，虽有数年纯功，还是因为不知虚实之真义而不能转化虚实，终于还是落得“率皆自为人制”。

“自为人制”，是说自己主动送肉上桌。自己因为不知双重的真实义理，不懂得全身内外都有虚实变化的机制，而自套死局限在“全身重量只许放在一只脚上”的圣旨上，而自落败阙，终而“自为人制”。

“双重之病未悟耳”，此句是这一段文的小结语。因为双重的毛病没有悟得，不晓得双重真正的义涵，误把“两脚同时用力就是双重”当作座右铭，误以为“全身重量只许放在一只脚上”就是弃了双重之病，所以，虽有数年纯功，仍然不能运化，仍然要被“率皆自为人制”，纵然能够全身重量放在一只脚上，还是挨打的架子，纵然没有两脚同时用力，也依旧是挨打的架子。

“双”，就是两处的意思。而两处不限于双脚两处，它是涵盖上下两处，左右两处，前后两处，内外两处，只要这些各各种种的两处被制或自制于无法变转虚实，被固或自固于一个钝角、死角，绑结于一处，无法圆化顺开，都是属于“双重”的范畴。

如果全身重量能放在一只脚上，在被打时，单脚却与被打点结成一个死点，虽然两脚没有“双重”，也是犯了“双重”之病。反过来说，两脚虽然比重相等，但是在被打点能够转虚，依然可以化去来力，这不算是“双重”。由此可知，“双重”不是概指两脚的。

“欲避此病，须知阴阳；……阴不离阳，阳不离阴，阴阳相济，方为懂劲。”想避开这个“双重”的毛病，要懂得阴阳变化之理。阴阳，就是虚实，实中有虚，虚中有实，虚虚实实，变化莫测。懂得虚实变化，就是阴阳相济，才能称之为“懂劲”。

“懂劲后，愈练愈精，默识揣摩，渐至从心所欲”。懂劲后，懂得阴阳虚实变化之理后，愈练愈精，体用兼备，终于渐渐能随心所欲。

默识揣摩，是说听闻之后，需默默地自己去辨识、思维，去揣测摹拟，在老实练拳中去深思悟解，去印证，别人所说是否与经论所叙相契合。不是人云亦云，不假思索，全盘皆吞。

理论是否正确，需与太极经论相比对，若悖离经论之言，皆非正说，需以自己之智慧去判别，若自无主张，是为情执之人。

第127章　拳之规格与风格

每一种拳式与套路都有一定的规格。规格，就是规矩格式，包括身法、步法、手法等，更细腻的还有举手投足之规定，及转换的方向角度限制等。

在太极拳当中，如郑子太极拳之美人手，赵堡或忽雷架的弹抖及捣锥，99式的蕴含八卦脚步的摆扣及荷叶掌的缠挂与推拖带领，这是个别系统的拳路规格。

俗话说，“无规矩不成方圆”，为人处事都须有一定的规矩。拳式套路的规矩，就是它的规格。譬如37式，在移步转向时不收脚，这是它的规格，其他套路大部分有收脚再出脚，譬如42式就有收脚。不出脚是标榜下盘之稳固，出脚则表现轻灵，各有主张。99式在出脚时会做摆步或扣步，带进了八卦的步法，也在跟步中带进了形意的蹬劲。

规格如果太严格或太繁杂、太吹毛求疵、太固守而一成也不变通，就会成为喧宾夺主。譬如某拳式，过于刻板地要求脚移步的方向角度不能偏差一分一毫，有些舍本逐末、本末倒置了。这个拳式在举办套路竞赛时，都在这些方向角度里面作文章，如果不明白它的拳路规格去参加比赛，无论拳打得如何好，一定会被淘汰出局。

风格，是透过规格的着熟与历练之成熟所展现的个人独特韵味。他的拳路招式，没有跳脱应有的规格，在规格的领域中，却能因为对拳的实地领略有更深入细腻的心得感受，而有自己与众不同的拳风。

风格的呈现，不是画蛇添足，不是头上安头，所以不是外表形式，而是深层的内在之美。

某些人打起拳来，为了表现“气的鼓荡”而刻意地鼓动腰胯丹田，藉由弯腰摆臀，使气在小腹处拧来转去，这就是画蛇添足。有些人打拳，为了刻意表现劲道，而令手指在那边摇晃颤抖，这就是头上安头。这些都是画虎不成反类犬，都是东施效颦，不是风格的自然呈现。

李雅轩老前辈打太极拳，全场的氛围，那种“静”的安详气息，连三岁的小孩都能感受得出来，在静谧中，让人感受到气的流动与鼓荡，是那么自然而不造作。这是他老人家的风格，由内展现于外的独特风格，功夫有到那个程度，有到那个境界，才能流露显现，不是装模作样所能够装出来的。

内劲成就的人打起拳路，就是那么“沉”，那么“敛”，外表虽是松柔，却能让人感受内里内劲的刚、沉与 Q、韧，感受到内里气的蓄蕴、折迭、转换、吞吐、鼓荡等内涵。

桩功成就的人打拳发劲，你看不到他的肢体在打桩，只是气一沉，暗桩已入地，劲已放出，迅雷不及掩耳，令人惶悚惊骇，不知所措。从拳架当中就能看出他的桩气深入地底，坚牢而富有弹抖之劲。采劲成就的人，轻轻一抖，就能采得你全身撼动。

一个内气饱满圆融、内劲沉敛的内家拳者，无论他打的是太极或形意或八卦，总是别有一番风味，不会那么矫揉造作，不会那么僵拙刚硬，不会软趴无力，不会刻意努力鼓气，也不会一味地模仿人家。千百个机器人，同一个模子印制出来，就没有特别之处。打拳不是临摹的字帖，打拳不是同一个木板印制出来的“红龟仔粿”，毫无艺术欣赏价值。

打拳也不是标新立异，刻意创新。譬如，太极快拳，就是标新立异。太极，原本就是松缓的，本来就是以心行气的，却蹦出一个太极快拳，打得气喘吁吁的，面目铁青，何苦呢？

八卦，原来是身似游龙，彩蝶穿梭，忽而老鹰猎食般的疾速下落，忽而苍龙抖甲似的弹抖急荡，何似坊间那种“歌仔戏”般呆滞的蹚泥步，何似某派刻意以足尖插地的别扭步法而谓之蹚泥步，真的有些贬低及污蔑了八卦掌，实在令人遗憾！

形意，简捷明快，开展豪迈，直来直往；练入暗劲，刚里藏柔，慢中蕴含沉劲，直中绵密紧凑的运劲内涵，内里的暗潮汹涌，澎湃激荡，二争力的拧裹缠滚，奇中有正，正中有奇，奇正相生，阴阳互济，虚实变换莫测，皆能展现个人的特立风格。

打拳架，走套路，功夫纯熟成就时，呈现出的个人风格都有独特的一面，是功夫内涵的自然展现。每个人的心得体验及心路历程殊异，展现的风格，各有风采。如果是绣花枕头，内里没有功夫，刻意去乔装大师模样，就成画虎不成反类犬，东施没那气质，故意去模仿西施的颦笑，只会贻笑方家。

若是一成不变地印制拳路，终究只是一个机器人，是缺乏自己灵魂的傀儡木偶，即使比赛拿金牌，也只是挂在壁上的复制画而已，还只是摆在桌上的好看花瓶罢了！

第 128 章　懂　劲

《拳论》云："由着熟而渐悟懂劲，由懂劲而阶及神明，然非用力之久，不能豁然贯通焉。"又说："阴阳相济，方为懂劲。懂劲后，愈练愈精，默识揣摩，渐至从心所欲。"

懂劲要分两个层面来说，一个是"体"，一个是"用"，体用兼备，谓之懂劲。

体，是指功体，其终结目标就是成就内劲，若内劲不成就，而只会虚有其表的走化，不得谓之"懂劲"。

"内劲"如何成就？用"极松极柔"的"以心行气"，透过"腹内松净，气腾然"，气腾然之后，经过"务令沉着"的修炼，终而"乃能收敛入骨"，日积月累，汇聚而成"内劲"，这些都是《太极经论》及《行功心解》的明言，都是前人祖师爷的智慧结晶。

内劲的成就，是涵盖下盘"桩功"的成就及双手"掤劲"的成就。何以如是说？因为，《拳经》云，"其根在脚……形于手"，如果"桩功"未成就，谓之"无根"，涌泉无根，则"力学垂死终无补"。手的"掤劲"不成就，则发劲不得成，无法形于手，无法完整一气；没有"整劲"，就是功体未成就，不得称之为"懂劲"。

还有丹田之气饱满凝聚，才能"主宰于腰"，气不沉于丹田，则"腰无主"，也将落得"力学垂死终无补"之局面。所以，涌泉要有根，才能“其根在脚”，气要沉聚丹田，才能“主宰于腰”，手要有掤劲，才能“形于手”，三者兼具，才能“完整一气”，才能达于“懂劲”的境地。

在“用”的方面，要通过推手练习，掤捋挤按须认真，上下相随人难进；引进落空合即出，粘连黏随不丢顶。《太极八字歌》云：“掤捋挤按世间稀，十个艺人十不知；若能轻灵并坚硬，粘连黏随俱无碍；采挒肘靠更出奇，行之不用费心思；果得粘连黏随者，得其寰中不支离。”太极八法，四正四偶，掤捋挤按，采挒肘靠，若能练到“行之不用费心思”，能够粘连黏随，化打随顺，就能达到“得其寰中不支离”的境地。

推手之“用”，在于“听劲”，听劲练习必须通过老师的“喂劲”，才能够“听”，才能反应逐渐灵敏起来。“听”，是用神经触觉去感应，使反射神经起到“阶及神明”的境地，使反射神经成为一种惯性，起到自然反射作用，这是无为而为的功夫，不是那些刻意透过意识的传达，而令外形肢体在那边颠三倒四、歪七扭八、前俯后仰、全身晃动，只差没有把骨头摇散掉落者所可比拟。

“由着熟而渐悟懂劲”，着熟的“着”字，是“法”的意思，不只是招法的纯熟，不只是外表形势的纯熟，还包含内在的气的饱满凝聚，内劲的圆熟成就等，才可谓之“着熟”，若只是招式熟稔，还不能称之为“着熟”，而且“着熟”还涵盖着用法的纯熟、听劲的纯熟、内外虚实变转的纯熟，是全方位的纯熟，才叫作“着熟”，着熟以后就渐渐能够体悟“懂劲”的道理，知道劲的用法，收放自如，随心所欲；懂劲以后，就是阶及神明，就到达神而明之的境界，能预知对方的动向，掌控对手的局面，知己知彼，百战不殆，英雄所向无敌。

欲达懂劲，阶及神明，“非用力之久，不能豁然贯通焉”。没有经过长久的认真努力，老实练拳，永远不能贯通。如果能自己老实练拳，脚踏实地，坚持不懈，在练的过程当中，一定会有所“悟”，悟到内劲的修炼方式，悟知了法，成就了内劲，加上听劲用法的锻炼，终于达成“懂劲”功夫，此后，愈练愈精，默识揣摩，渐至从心所欲。

“阴阳相济，方为懂劲”。阴阳就是虚与实，阴阳相济就是变转虚实得宜，有虚有实，实中有虚，虚中含实，虚虚实实，变化莫测。阴阳虚实，不只局限于外表形式，不只是肢体的前后、左右、上下，还涵盖内在之气与劲的虚实阴阳变化，由内引动于外，主宰于腰，由“腰间”丹田之气去主宰外形肢体的变转虚实，才是拳经所谓“懂劲”之人，若只会外形肢体歪七扭八、前俯后仰、全身晃动、颠三倒四，离“懂劲”阶段还有十万八千里之遥，还是初阶摸索之人，还没有资格与人谈“劲”，更何况是“懂劲”。

功体内劲的成就已属不易，用法更是困难。《拳论》说：“每见数年纯功，不能运化者，率皆自为人制，双重之病未悟耳。”双重，是指转化虚实的用法不当而形成凝滞。为何已经成就了数年的“纯功”，功体既已纯熟了，为何还不能运化？乃因不懂得虚实变化之理，不懂得阴阳相济方为懂劲的道理。因为虚实不能变转，而形成比对、方位的“双重”，譬如上下双重、前后双重、左右双重、内外双重等。双重是两处凝滞而不能运化，成为双重之病。双重，不是只有两脚的等分比重。

《行功心解》云：“能呼吸，而后能灵活。”灵活就是转变虚实得宜，阴阳能够相济。能呼吸，是指善于运用丹田之气来转化虚实，由内领导于外，以内面的丹田之气为主宰，达成内外相合，上下相随，使之完整一气，达成一个“整劲”。

能领悟“能呼吸，而后能灵活”这句话的人，才是真正“懂劲”之人。

第 129 章　接劲与粘黏

接劲与走化相较，接劲是更深一层的功夫。走化，靠的是腰身及步法的灵活闪避与游走。推手游戏中，肤浅、劣陋的走化，身体歪七扭八，前俯后仰。高手走化，不全靠身体的游走，只是气一松一沉而已。本文主题是接劲与粘黏，所以不谈走化。

接劲，乃是将对手之来力承接起来，接住，不让它跑掉，然后藉由折迭之弹簧劲回弹，反打。

接劲之要件，下盘要有根，气能沉丹田，手要有掤劲，缺一不可。下盘桩功成就，始能将对手如排山倒海之势力引入脚跟，若根盘不稳，无由承接。气要凝聚，汇集于丹田而备用，在接劲之刹那，要引气下沉入脚，脚跟打个暗桩，稳住根盘。手需有掤劲，如船只能载千吨之物而有乘载力。本文之重点，在于实战中接劲与粘黏之时机点，在实际搏击时，如何善巧地接劲与粘黏，所以不再赘述接劲之要件。

接劲，就像棒球之接球一样，当投手一球投过来，捕手并不是将手套固死定在那边等球落袋，高明的捕手会观察球速、方位方向，将速度、方位、时间与空间紧密地凑合、连结、控制，机灵地瞬间出手，以空间搭配时间，去捕捉疾速飞奔而来的球。

在推手运用中，双方之搭手粘连黏随，不管是手与手相连，或手与身体相接触，几乎是没有空隙的，也没有距离可以等待观察，凭的就是感应、听劲的灵敏反射作用。

那么，在真正格斗实战中如何去接劲，如何去粘黏对方，是我们今天讨论的重点。在双方还未短兵相接时，两方尚有一定的距离，要完成推手中的“粘连黏随”，在这个时机是不可能的，因为尚未互相搭手接触。

对方一拳打过来，我们不是去格，去挡，去招架。戚继光《拳经诀要》说：“不招不架，就是一下；犯了招架，就有十下。”如果对方挥拳打来，你去招架，不只招架不到，反而会因招架落空而挨打。而且对方先一步出拳，在时间点上你已慢了一拍，即使赶上招架，对方第二拳、第三拳会连续而至，所以说“犯了招架，就有十下”，所以，以“招架”作为对应，是挨打的架子。

我们学过推手，知道“粘连黏随”的道理，所以也明白招架是下劣的策略。那么，对方快速的出拳迎面击来，你要如何对付，如何去粘黏，如何去连随，然后带入推手的发劲打法，以听劲取胜，是值得探讨的问题。

在变化莫测的格斗实战之中，如果成就了丹田之气的凝聚圆满，身体能形成一层气囊，可以通过丹田之气的吞吐运转，使气凝聚汇集于被打击之点，将气沉敛并下引至根盘，打入暗桩，刹那承接对方强势来力。身体上是有这份功能的。但是，如果对方的击点是在头部脸部，除非有练过特殊的护头脸功夫，否则无法以头脸去承接强力的撞击。在这部分，除了闪避、走化之外，只能以双手去粘黏对方。所以，如何去粘黏，黏而连随，牵涉到时间、空间及节奏与虚实反应等多重变化的拿捏技巧，这也是内家拳所以能够“后发先到”的甚深功夫。

一拳迎面而来，涵盖着时间与空间及速度与距离，还有节奏与虚实变化，出拳总有蓄劲及放劲，蓄而后发，所以就有起点与落点，在起点到落点行进的过程，如何及时拦截而粘黏之，是推手的深层功夫，如果没练上这层功夫，则无法与人实战搏斗。如今能练上这层功夫的已是凤毛麟角，微乎其微，少之又少，所以太极拳就常常被讥讽为不能实战的拳术。

对方先出拳，在时间点已成上风，自己反应再快，在时间点上都有落差，所以只能以空间换取时间。也就是说，对方的拳将到未到之际、之刹那间，自己要截取空间，在起点已出、落点未到之线路上，去拦截对方出拳的速度，使他的速度受到我方的拦截而减缓、减弱，消弭对方的势力。

而这“拦截”，并非一般的“招架格挡”，而是以巧妙的“听劲”功夫去粘黏对方，在粘黏的刹那，就有运动的虚实变化，才能神灵活现地掌控对方的来力，这就好像玩冲浪板，脚面踩着浪板，去感应浪板与海浪之间的冲击力道，以脚去掌控波浪的起落转折。

而且，这“拦截”，并非直来横挡或横来直架，而是走圆弧路线，因为只有运用圆弧路线，才能够以空间换取时间。圆弧路线，就是外圈大，内圈小，以大含小，由外往内包裹。这道理，就像以前的人用鱼篓抓鱼，竹篓口大，往内逐渐缩小，鱼儿进去就出不来。又像水的漩涡，水面的涡口大，深层的涡口小，它的回旋力就能将物体卷入涡内。这圆弧路线，并非只有手部走圆弧，而是由脚跟引动，而后由腿而腰，形于手，它是整体协调、连绵贯串的完整一气，这样才有办法去粘黏对方，及加以牵动、拖曳、引进，使对方之力道落空，而予于还击。

形意拳有所谓的“硬打硬进无遮拦、追风赶月不放松”，并不是蛮打盲进，并不是街头打架式的贸然挺进，里面涵盖着深妙的“听劲”“懂劲”功夫及明劲、暗劲、化劲的玄奥巧变，非一般凡俗所能知之。这中间，当然涵盖着上列所述的“拦截”、圆弧路线的粘黏连随、听劲懂劲等虚实变化等深妙技巧，然后才能有蹬进硬打的成果展现。如果没有这些深妙内涵功夫，你要硬打、乱闯、盲进，就是送肉喂虎，自寻挨打而已。

粘黏式的“接劲”，也就是动作行进中的出手去截黏对方的双手或腿脚。这粘黏与时间、空间有关系，与全身之脉动、整体的协调以及动中的节奏都有密不可分的连贯性。时间不及，以空间换取；动中，一定有节拍，有速率，要能掌握那个动律，动律掌控到了，就是截取到时间与空间，加上圆弧路线的运用，与虚实变化的种种机制，才能完成“接劲”的动中功夫。譬如，对方出拳，他的拳的路径距离及时间，分为“一、二、三”三个等分，你在“一”的部分的距离及时点就要及时驱进，以立体圆弧去粘黏拦截，然后运用听劲去连随、牵动、拖曳、引进，使对方之力道落在我方的掌控之中。这刹那的出手粘黏拦截，要符合对方出拳的节拍、动律，巧妙地去掌握，中间的技巧包含着听劲懂劲及虚实变化等功夫。

《太极行功心解》云：“彼不动，己不动；彼微动，己先动。”这个“己先动”，并非自己主动的先动，而是对方有欲动的端倪。有欲动的预兆，被己探得、了知。已经预知了对方的动机，这也是一种听劲懂劲的灵敏神明功夫。所以能在“彼微动”的节律中，做出符合对方节拍的入榫动作，予以中途抢进先机的拦截而粘黏之，进而发挥推手中的粘连黏随的听劲机制，达到“人不知我，我独知人”、英雄所向无敌的境界。

第130章　专气致柔与顽松

老子说："专气致柔，能婴儿乎。"婴儿刚出生，筋骨柔软，气旺血足，是一个纯阳之体。但是随着年龄的增长以及对世间六尘的贪恋，使精气神逐渐枯竭，到老则百病丛生，而至命终。所以，想延年益寿，保命安康，只有从"专气致柔"着手。

欧美人士以为锻炼身体就是去练肌肉的健美，肌力、耐力的强度，所以他们常去的地方就是健身房，常做的运动都是属于比较激烈的，譬如跑步、举重及其他重力练习。练武术也是一样，打沙包、击破以及极限耐力与速度训练。殊不知，这些运动训练都是增加心肺及肌骨之负担与加速老化而已。

所以，还是炎黄子孙有智慧，知道"练气"，知道"气"在人体的功能与重要性，更知道"专气致柔，能婴儿乎"的返老还童、健身保命的道理。

太极拳、形意拳、八卦掌，都是以练气为主轴的武术，不仅仅能达到健身的目的，还兼具武术大乘功夫的成就。但是目前的炎黄子孙，有智慧者少，崇洋者多，所以说起武术，无非都是比力气、比速度，他们永远无法体会《太极拳论》所说的"斯技旁门甚多，虽势有区别，概不外乎壮欺弱，慢让快耳。有力打无力，手慢让手快，是皆先天自然之能，非关学力而有为也。四两拨千斤，显非力胜；耄耋能御众之形，快何能焉”的深奥精湛道理。

所谓“专气”就是将体内之“气”专一、集中起来，专集统摄起来。

气的“专集统一”，靠的是神的内敛，眼神、精神、元神，都须往内心收摄，往内心深处敛聚，向内审查、观看，专心地用自己的神意将气统一、沉守，不要让气散漫、失离，将气专集守住，守在丹田，沉敛汇聚于丹田，即拳经所谓之“气守丹田”“气沉丹田”。

为什么要“气守丹田”呢？因为“气”这个东西，如果没有把它看顾好，守着它，善待它，它就会散乱、漫失。而且我们活在这个欲界的凡夫，都是贪欲的，都是贪爱六尘的，五欲六尘，财色名食睡，色声香味触法，无一不贪。有贪就有瞋与痴，“贪、瞋、痴”三毒，使人为非作歹，也使人身中宝贝的“气”日愈耗损；有心机的人、工于心计的人，整天想害人、嫉妒人、见不得人家好的人，体内的气都是散乱不平的，所以这些人都不会长命，也会疾病丛生。

如何“气守丹田”“气沉丹田”？“丹田”是贮藏“气”的地方，所以又称为“气海”，如大海一般，能容纳百川之水而不溢满。丹田之气充实饱满，不会有“啤酒肚”，不会因为气的实满而挺出大腹。丹田像一个“气囊”，如果气不沉聚于丹田，那么这个囊就瘪扁而不开拓；丹田之气愈饱满充实，这个气囊就愈硕壮而坚厚，是可以抗打击的。所以，也不必刻意去练那些诸如“金钟罩”“铁布衫”的“斯技旁门”功夫。

“专气”就是将宝贝的气与自己的心相守于丹田，心息相依，不即不离，好像照顾一个小孩，时时刻刻眼不相离，只怕一刹那没有顾及，小孩就会跑失、丢掉一般。又像母鸡孵蛋，寸步不离，使蛋的温度不失，才能孵出小鸡一般。

“专气”为何能“致柔”呢？因为气能驱血而运而动，血是热的，所以才会有“热血沸腾”之语。气当然也是热的，不热就是失温。人有体温，因为有气血的关系。《太极十三式歌》云，“腹内松净气腾然”，这里所称的腹内，虽是概指丹田，而实涵盖了全身内外的“松净”，只是以“腹内丹田”为代表而已。

腹内松净了，丹田之气自然会“腾然”，会热腾起来；气热腾了，就会渗入骨髓筋膜之内，使骨髓充实，筋膜富有弹性，也能使筋骨达到柔韧的效果，这就是道家老子所谓的“专气致柔”的道理。能专气致柔，就能返老还童，像婴儿一般。

精气腾然后，渗入沉敛汇聚于骨骼之中，使骨骼充实，骨密度充实，不会有骨质疏松症，不会跌倒就骨折。而且，气敛入筋骨，日积月累，累积成内家拳之“内劲”，在技击运用上，才有真正的“爆发力”之实质内涵。有些人把“爆发力”解释为肌力与速度的联结，这与内家拳之内劲所引生的“爆发力”，是截然不同的东西，是不可同日而语的，是天差地别的。

练太极拳，大家都知道要“松”，但松的真义为何，知之者甚少，以为松就是顽空不用力而已，以为松就是软趴趴地不着力而已。如果真那么简单，那么，成就太极拳功夫的一定如过江之鲫，多如牛毛了。但是事实并非如此，真能成就太极功夫的，实在是凤毛麟角，少得可怜。因为他们都误会了“松”，无法体会松的真义，他们都疏忽了“专气”两个字，没有“专气”是不能“致柔”的；没有“专气”的松，是空中阁楼，是懈漫无物的。没有“专气”的松，是一种“顽松”，是不切实际的懈怠，不是真正的松。“顽松”的太极拳，只是体操运动而已，不能“致柔”，无法练出太极内劲，不能成就太极拳的功体，只是白忙一场，到老一场空而已，更遑论太极之发劲等上乘功夫了。

“柔”包含“Q”与“韧”，以及弹性等灵魂生命力。柔，像水，能载舟也能覆舟，水的柔，像温雅含羞的少女，水的刚猛，如海啸，能毁天灭地。

“顽松”，是软趴无力的，是空洞没有气机与生机的，因为缺乏“专气”的内涵。“顽松”，不是真松，“顽松”，不是太极拳，只是肤浅的体操运动，称不上拳术的。“顽松”，不能成就太极内劲功夫，只是凡夫俗子的花拳绣腿。“专气”才能“致柔”，才能至柔至顺至松，才能“气腾然”，才能“收敛入骨”，才有内劲的汇聚成就。

“顽松”，就是耽搁于空洞虚无的海市蜃楼之中，玩味沉溺于轻松飘忽的感觉，在佛门的错误修行中，谓之“顽空”，误认为一切法都是空的，都是缘起性空，只要缘灭了，一切归于空无。所以生活就没有一个目标，因为到终了，一切都会断灭，所以就有消极遁世的思想产生。在修行领域中，很多人喜欢打坐，喜欢打坐中那种静定空幻虚无的感觉，因为那是一种极度放松的感受，所以一坐就不想起来。而且在静坐之中，不喜欢有人打扰，不想听到吵声、杂音、噪音，听到噪音就会起烦恼，不自觉地生起闷气。

禅宗有一则公案。一个修行人在打坐，禅师问曰：“做什么？”回曰：“成佛。”禅师拿起砖头不停地磨，修行人问曰：“做什么？”禅师回曰：“做镜子。”修行人说：“磨砖哪能成镜？”禅师曰：“枯坐哪能成佛？”

这则公案给了我们很大的启示，修行不能沉耽于“顽空”之中，如果误认“一切法空”，那么，修行是在修什么？一切法“缘起性空”，缘起缘灭，但有“缘”必有“因”，如果有“缘”而无“因”，那么，缘灭后，一切都断灭了，那修行的目的是什么？总还有一个“不生不灭”的实相心本际存在，修行就是通过参禅去找到那个“不生不灭”的实相心，把那个实相心所含藏的染污种子净化，才能次第升进，终究成佛。

若是成天打坐，耽溺于虚无缥缈的“顽空”之中，永远也找不到自己的本心，修行就变成没有目标、没有意义的天马行空。

练太极拳也是一样，如果只知松，而不知松中还要“专气”去“致柔”，就会落入“顽松”之中，永远无法成就太极拳的功体，永远无法练就“内劲”，打拳也将变成无意义的鬼画符，比手画脚，装模作样而已。

《太极经论》及《行功心解》，都是以“气”“劲”为主轴，扩充伸展地在论述，祖师前辈们处心积虑的敦敦教诲，期望能一代一代有所传承接续。然而，太极拳推展至今日，是一代不如一代，那些盲从附会赶流行的太极拳门外汉，倒戈式地一再否认“气与劲”的存在，一再质疑太极拳是否需与气牵扯在一起，这实在是太极拳之悲哀事，是太极拳推展中的最大阻力，也是太极拳武术无法升进的最大因素。

第 131 章　意在精神不在气

网络上有人谓："很多人误解'以心行气'是要注思着气来率领气的运行或心与气并守于丹田，其实，《行功心解》最后有说：'全身意在精神，不在气，在气则滞；有气则无力，无气则纯刚。'亦即太极拳练到全身骨骼之中弥充气与劲，则其人对其身体的感觉，就不像是肉体的存在，而是像精神的存在了，这也就是'全身意在精神'所言的状态。简言之，就是练拳时只要集中精神练拳即可，千万不要把心思放在掌握内气在体内的运行上，否则就会有走火入魔之危啊！毕竟，练太极拳之人倘还觉得有气，则他的太极拳是还不能用的；一旦他已不具有气的感觉了，则他的太极拳就已变成无坚不摧的纯刚了；而这也就是'有气则无力，无气则纯刚'这两句话所说的真正含义啊！"

笔者的见解与此人相异，谨供读者参考。

《行功心解》所谓"全身意在精神，不在气，在气则滞；有气则无力，无气则纯刚"，这两句话所说的"气"是指"尚力"所形成的浊气，也就是一种拙力所带出的拙气，用了拙力、僵蛮力练拳，就是所谓的有（拙）气，有（拙）气则"无力"，这边所说的"无力"，是指不能成就"内劲"的意思，亦即谓若用蛮拙之力练太极拳，无法成就太极功体，无法成就内劲。"无气则纯刚"，是说练太极如果以松柔的方式去"以心行气""以气运身"，脱弃了蛮力拙气，才能成就纯刚的内劲。

初练太极，须专气致柔，专心一意地将心与气相依相守于丹田，有了这样的专气，才能日积月累地将气汇集而收敛入骨，成为至柔纯刚的内劲。所以，只有“专气”才能有“致柔”的境地，只有“专气”才能成就至柔纯刚的内劲。

“全身意在精神，不在气，在气则滞”。这边所说的“在气”仍然是指“蛮力拙气”而言。因为（正）气是与精神同在的，有了（正）气才有精神的存在，有精神又必定有（正）气的存在，精神与（正）气是不能分开的，它是一体的两面。所以说，“全身意在精神，不在气，在气则滞”，这里所说的气仍是指“蛮力拙气”而言的。在《行功心解》里面，说到很多的“气”，而这个“气”是有正气与拙气之分，若是都把它当成正面的气，读起来就会有前后矛盾的现象。

所以，即使“太极拳练到全身骨骼之中弥充气与劲”，仍然会有气沉、劲沉的状态与感觉，不会说在身体上完全无这个气、劲的感觉，也不会说纯粹只有精神的存在，而不像是肉体的存在，因为精神与肉体是并存的，是不可分离的。

若说“练拳时，只要集中精神练拳即可，千万不要把心思放在掌握内气在体内的运行上，否则就会有走火入魔之危”，这是值得琢磨的。如果练拳只要集中精神即可，那么集中精神，是为哪桩事？集中精神后面的内涵是些什么？一定有很多的内涵融入在行拳走架之中，否则这个集中精神，也只是一个空洞的名词而已，也只是一个空中楼阁而已。若“不把心思放在掌握内气在体内的运行上”，那么，练拳是在练什么？只是集中精神在那边比手画脚而已吗？

《行功心解》开宗明义地说：“以心行气，务令沉着，乃能收敛入骨；以气运身，务令顺遂，乃能便利从心。”若不以心行气，而令沉着，如何能收敛入骨？若不以气运身，而令顺遂，如何能便利从心？

所以，以心行气，以气运身，是成就太极的重要法门，如果不是刻意地去努力鼓气，应当不会有所谓的走火入魔的严重危险后果。

说“练太极拳之人倘还觉得有气，则他的太极拳还是不能用的；一旦他已不具有气的感觉了，则他的太极拳就已变成无坚不摧的纯刚了；而这也就是‘有气则无力，无气则纯刚’这两句话所说的真正涵意啊！”

这样的说法，是值得推敲的，这是依文解义、依字解义，会错了《行功心解》真正的涵意了。浅见以为，练太极拳之人若觉得自己没有饱满厚实的气及沉敛的内劲，那么他的太极拳才是真正的不能用。如果说，练到不具有气的感觉，他的太极拳就已变成无坚不摧的纯刚了，那也是不合逻辑的，既然无气，哪来成就内劲？若无内劲，哪来无坚不摧的纯刚？

读经看论，不能依文解义、依字解义，也不能断章取义或断句取义。《行功心解》一直以气、劲为轴心而开扩深广的论述，一定是能前后贯串相通的，若是前段明说细述，以练气为成就内劲的不二法门，到后段却相违地说“在气则滞，有气则无力，无气则纯刚”之语，那岂不是自打嘴巴，拿石头砸自己脚吗？

由此可证，《行功心解》后段所说的“有气则无力，无气则纯刚”的“气”，是指拙气，不是前段所说的以心行气、以气运身的正面之气，这样的解释，才不会有前后矛盾之处，才不会误会祖师之意，也只有实证功夫的人，才能读懂前辈们留下来的宝贝经典，融会贯通。

“全身意在精神，不在气”，精神是一个抽象名词，精神，包含精、气、神三者，所以，这边所说的“全身意在精神”的精神，当然已包含了正面的“气”在内，既然已包含了正面的“气”在内，后面的那句“不在气”，就是指负面的拙气，而不是正面的气，这样解释，整句文辞才能说得通，才不会有矛盾之处，不会有自语相违之处。

《行功心解》谓："神舒体静，刻刻在心。"这个刻刻在心，就是提醒大家，练拳要时时刻刻把"以心行气""以气运身"的意念放在心上，时时刻刻地心息相依，行住坐卧不离"这个"，不离"气守丹田"，就像母鸡孵蛋，寸步不离，也就是丹道所谓的"不可须臾离之"之意。

练太极拳必须神舒体静，刻刻在心，精神与肢体皆须松柔安静，最重要的是"刻刻在心"。《十三势歌》云："刻刻留心在腰间，腹内松净气腾然。"如果没有刻刻留心在腰间，没有把气沉守于腰间的丹田，如何能达到腹内松净气腾然？如果没有气腾然，如何收敛入骨？如何将气汇聚成极坚刚的内劲？

所以，说"只要集中精神练拳即可，千万不要把心思放在掌握内气在体内的运行上，否则就会有走火入魔之危啊"，与《行功心解》所言是背道而驰的，没有内气在体内的运行，是无法达到"气腾然"的，也无法收敛入骨成就纯刚的内劲。如果"只要集中精神练拳即可"，那么，集中精神的内层是什么内涵，不就成为空洞的"顽空"了吗？如果"把心思放在掌握内气在体内的运行上，就会有走火入魔之危机"，那么，练太极拳到底是在练些什么？"把心思放在掌握内气在体内的运行上，就会有走火入魔之危"，似有危言耸听之疑，如果真的内气在体内运行，就会有走火入魔之危，谁还敢练太极拳？

第 132 章　太极之腰

《太极十三势歌》云："命意源头在腰际。"又说："刻刻留心在腰间。"可见"腰"在太极拳中所占的重要地位。"命意源头在腰际"，这是说，生命意趣的源头是在腰际；腰际就是指"丹田"，又称"气海"，是贮藏储存"气"的地方，丹田之气凝聚饱满，生命的气机就会如山顶源头之水，源源不绝地流注，不会断绝，生命之活力才可以延绵长久。所以日常生活之中，就得"刻刻留心在腰间"，时时刻刻地留心在腰间，留心哪一件事呢？把"气"用心地留守在腰间的丹田，也就是"意守丹田""气沉丹田"的意思，因为丹田之气乃是生命源头的所在。只要能将"气"用心、用神意守在丹田处，这个身内的气就不会散漫，不会往外放驰，不会流失，这个宝贝的气就会乖乖地沉聚在丹田气海之中。

《行功心解》云："气以直养而无害，劲以曲蓄而有余。"气越充足饱满凝聚，对身体只有好处，没有害处，人身如果缺乏了这宝贝的气，生命就会终结；气的机能不足，就会体弱多病。《太极十三势歌》开头即点出"命意源头在腰际"，已然明显地说明腰际丹田之气的重要。因为腰际丹田就是生命的源头，想要把握住这命意源头，就得"刻刻留心在腰间"，而且要"气遍身躯不少滞"，通过以心行气、以气运身的太极心法，使这个气能通透全身而不滞碍。那么，要如何才能"气遍身躯不少滞"呢？只有"势势存心揆用意"，在练拳架或基本功时，每一招每一势，分分秒秒，刹那刹那，都要存心用意地认真施练。道家说：“道者，不可须臾离矣。”又说：“行住坐卧，不离这个。”这都是在说“意守丹田”“气沉丹田”之意。

《太极体用全歌》云：“涌泉无根腰无主，力学垂死终无补。”“涌泉无根”，是指下盘没有根基，没有基础。下盘，是人体的基座，基座稳固了，太极的功体基础才算有个初步的成就。涌泉之根，下盘之基础，要靠站桩来达成。桩功，有固定的站桩及活步桩。活步桩是指拳架活动势势招招之中，都有桩法的存在，都有桩功的练习，每一招都有桩法，每一势都有桩功，不是肤浅粗俗的比手画脚的体操运动。“腰无主”，是说腰没有主宰。腰以什么为主宰呢？以气为主宰，如果没有通过“意守丹田”“气沉丹田”的长期修炼过程，丹田之气不能凝聚充足饱满，这个腰就无法作主，不能以意念去主宰腰的运行，无法发劲，无法接劲。如果练太极拳没有练到“涌泉有根，腰有主”，都只是天马行空，都只是空中阁楼，那么，练拳一生，到老、到死，终究得不到一点补益，终究是被人所贻笑的花拳绣腿。

涌泉之根，下盘的基座，也是靠丹田之气的补养、运输，没有丹田之气，这个基座的桩功也是无法成就的。所以，一切功法都是以腰为主宰的，所有功架的练习及发劲之用法，都是主宰于腰的。这个腰是指丹田，不是指腰围，不是肢体上的腰部，它是指内的，不是指外的。若是体会错误，将是“失之毫厘，谬以千里”。

《太极拳经》云：“其根在脚，发于腿，主宰于腰，形于手指；由脚而腿而腰，总须完整一气。”腰可以贯串其根的脚及所形的手指；其根在脚，发于腿，形于手指，是指外在的肢体而言，主宰于腰，是指丹田之气。无论行功走架或是发劲接化，不能缺少这个丹田之气。会发劲的人，只是丹田之气一凝一聚，下盘之根打入暗桩，劲已爆破而出，外表形体是看不到些微动作的，如果还有手脚的推出使力动作，都还不是上乘的功夫。

《行功心解》云：“气如车轮，腰似车轴。”这句话如果依文解意，就会有矛盾不通之处。这里所说的腰似车轴的腰，是指丹田之气而言，是以丹田之气为主轴，以丹田之气为轴心，带动出外表形体腰围的气场，这个气场像车轮一般滚动；也就是以在内的丹田之气为轴心、为向心力，引动在外的车轮腰围为离心力。无论行拳走架或发劲，这样解释才说得通，若依字面去求解，就会产生矛盾，因为字面上的腰在外围，无法作为内面的车轴，只有内里的丹田之气才能作为轴心，作为主宰。所以，读经看论，这个“腰”字，有时是指丹田的。

《太极拳论》云：“立如平准，活似车轮。”这边所说的“活似车轮”，是指在外的形体上的腰围，是指肉体的腰部。腰部要似车轮那么灵活轻巧，当然依旧要靠在内的丹田之气的灵活鼓荡作用，才能使在外的形体上的腰部跟随着连动起来，灵活起来。

外围腰的灵活，要靠下盘桩功的稳固，暗桩能打得入地，还有其根在脚的二争力，但这个二争力及打桩，终究还得靠丹田之气的驱动才能完成。所以，丹田之气，是太极功夫的主宰，是所有内家拳功夫的主宰。

有了丹田之气为主宰，桩功才能成就，桩功成就，才会打暗桩，才有二争力的暗劲产生，下盘之根有二争力的暗劲产生，才能驱动外腰的灵活，才会有“苍龙抖甲”的抖劲功体，在发劲时，才能疾速，才能迅雷不及掩耳，才能说时迟那时快的意到、气到、劲到，才能“后发先到”地完整一气地引动惊心动魄的爆发力。

“爆发力”是丹田之气的作用，不是一般所使的蛮力硬力，爆发力并非力量加上速度的结合。这与太极之“丹田之气”所引生的爆发力是截然不同的，是天差地别的。太极之劲，纯是“丹田劲”，是丹田之气的“气爆”，是刹那引燃，不需依藉速度与距离，所以能“后发先到”，制敌机先。

《太极经论》《行功心解》常常说到“腰”、说到“气”、说到“劲”，这都是在阐述“丹田之气”，都是“丹田之气”的引申，所以这个“太极之腰”，这个“丹田之气”，是太极功夫的轴心，太极拳的所有一切，都不能偏离这个轴心，若离开这个轴心，不得与人论太极。

第 133 章　教拳应以功体为主轴

大部分的人修炼太极拳，不知道要练功体，只是跟着打打拳架，耍耍刀剑，顶多玩玩斗牛式的推手，自以为满足。

太极拳的功体，就是内劲成就、桩功成就、掤劲成就，最重要的是丹田之气的凝聚充实。

内劲成就者，手一伸出去，搭上人家的身体，手有千斤重，掌劲、臂劲沉实，你的身体重量、你的根盘已被掌控，可轻易地拔动你的根。没有内劲的人，双手按上人家的身体，是轻忽飘浮的，没有实质感，因为手的沉劲不够、内劲不足，无法掌握对方的重量，不能撼动对方的根盘。没有内劲的人，打人在于肌表，不能深及内里；内劲成就者，暗劲轻轻一使，深及内脏，令人惊悚骇栗，无法思议。

桩功成就者，基桩入地三分，打桩发劲，打的是暗桩，发的是暗劲，直站着就能打桩入地；贴身发劲，不用距离与速度，只一“作意”，劲道已迅雷不及掩耳地在你内脏压缩爆破。

掤劲成就的人，双手一掤一提，就能拔你的根，轻松将你打出。你若使蛮力推他，他手轻轻地掤提，就能乘载千斤之力，你越用力，自己的根就越浮动起来。掤劲成就的人，手臂像一只千斤鼎，让你飘浮在半空中。

所有这些功体之源头动力，在于丹田之气的凝聚饱满，都是丹田在起作用，如果没有这个丹田之气作为主宰，所有的功体也就产生不了作用。

这样说明以后，就可以明白太极拳到底在练些什么。打拳不是打着好看的，站桩不是练脚酸，不是纯粹练脚力，出拳不是靠蛮力，虎虎生风不是太极拳所羡慕与追求的东西。

我教的拳式样不多，太极只有一套，形意以母拳五形为主，我的学生都是以追求内劲与发劲为主，要教很多很杂，他们也不喜欢，所以大部分都是在桩法、基本功，及成就内劲与发劲为出发点的功法上着墨，他们不求练多，所以在功体上是有累积成长的。

我的教学方法与别人不同，不是老师在前，学生在后跟打的方式。

形意拳，招式简单，但内涵却是精深的，一个劈拳，就有很多可学的东西。

明劲，不是用力挥打；暗劲，不是比手画脚。

一个拔钻，就牵涉到下盘的桩法、手的掤劲、全身关节的折迭贯串，以及丹田之气的拧动牵引，与二争力及阻力的连动等。

形意拳，易学难精。为何易学，因为招式简单，一比划便会；为何难精，因为里面有太多的东西，需要细心体会琢磨，不是一般人所能悟得。

功体与用法，可以并练，相辅相成，不必等待功体成就，再来练用法，两者可以同时提升并进。譬如，推手或散打发劲，你要按得人出，打得人出，需要各种条件的配合。

一、要“力由地起”

这是普遍的名相说词，太极拳则谓“其根在脚”，这个“其根在脚”

就牵涉到“桩功”的成就，如果桩功没有成就，就没有办法“力由地起”，因为脚缺少了桩基，无法借地之力。

所谓的“借地之力”，并不是用脚去蛮硬地撑地，若是用脚之蛮力撑地而达到“力由地起”，就会使身体虚浮起来，在放劲的刹那，无法借地之反弹力发出“迅雷不及掩耳”的疾速劲道。太极拳所说的“其根在脚”，是藉丹田之气的鼓荡作用所产生的拧动牵引力，在打入暗桩时所自然牵动的反坐弹力，而不是膝盖与腿肌所带动的呆滞笨拙之力。

二、各个关节的折迭贯串

发劲打人，不是由 A 点到 B 点的直去，那是笨拙之力。欲要向前先向后，拳要出去之前，脚跟有二争力，借丹田之气牵引腰胯，腰胯要像“苍龙抖甲”般地疾速拧动，它是弹簧似的震荡所牵引出的反弹力，所以拳要出去时，因腿腰的牵引，它是先拉回再弹出的，不是直力而去，这就是太极所谓的“弹抖劲”。弹抖劲并不是打拳架时手指在那边抖来抖去。

三、手要有掤劲

掤劲，是一种承载力，就像水有承载力，千万吨船只载而不沉。这个承载力的掤劲，不是笨拙地撑着，它是有弹力且能伸缩折迭的，有折迭伸缩才有弹性，才能弹得人出。

四、丹田之气的灵活运用

不论打桩、发劲，所有内家拳的一切体用，都是丹田气之作用。那么，丹田之气如何练就？通过内心的安静与放松、意念的引导，把这宝贝的气好好地照顾着，不要让它丢失，不要让它散漫，好好地养着。气是靠自己去培养，要自己去善养这浩然正气，久了，它就会沉淀于丹田，经由这样而凝聚累积。

教学轴心应放在功体的养成、内劲的孕育上，而且，每一个功体要如何致用是很重要的。譬如站桩，是为了发劲，在练习站桩时，要把身体让学生试按着，让学生去感觉他双手所按之处是否与脚跟相联结贯串，这所按之处，就是脚的根盘入地着劲之处，手如果是虚无缥缈的，则可知他的下盘无根。也让学生试着发劲，让他们去体会“其根在脚”“借地之力”的感觉，通过喂劲，可以让他们很快体验在发劲时根盘的重要，由此去深入体会桩的重要性。

桩基成就后，还得会打桩，才能真正会发劲。打桩，不是膝盖在那边伸缩起落，而是借丹田之气冷脆地打入暗桩，只是气一缩一放、一吞一吐、一蓄一放而已，若是还有肢体的牵扯啰嗦，则还未入流。

太极八法的发劲运用，都是同样的道理。若是发劲，身体还要前倾，奋力一推，才能打得动人，都还称不上功夫。打桩，在打入暗桩时，内劲已然同时同步而出，不是打了桩，待反弹而起时才发劲，因为起时，已成强弩之末，身体已虚浮而上，下盘已失去依靠，没有着力点，就会变成空包弹。

桩功如果没有成就，听了这些发劲的道理，只能成为一种知识，知道是那么一回事，没有实证功夫，也是白听一场。

对于掤劲、折迭原理、二争力、阻力等，与功体有关的实作实练功夫说之不尽。学武术，练功夫，绝对不是听听、看看、问问，或买些光盘片就能学会；即使有明师口传心授，如果自己不用功，或是悟力不够，要成就这太极拳功夫，确实不是容易之事。

第134章　呼吸与练气

我常常在文章内说到很多有关修炼内家拳与“气”的关系，因为内家拳与“气”是息息相关的，如果脱离了“气”，就不是内家拳。相反，如果练外家拳的，能够转入练气的内涵，虽然他打的型、打的招式属于外家，我们还是认为他是内家类型。

《太极拳经》《拳论》《行功心解》，都是在谈气，如果学太极而不涉猎经论，都还是太极拳的门外汉。

普通的自然呼吸与内家拳所练的“气”，是截然不同的东西，有人说：“我每天走路、生活都要呼吸，那也是气，没有气我就不能活了。”没有气，确实是不能活，但这个气，并不能成就内家拳的功夫，此气非彼气，若此气即彼气，那么，人人都将成为内家拳高手，不必再辛苦地去修炼内家拳。

虽然练气必须藉由呼吸吐纳来运为，但并非呼吸就等于练气。而且，很多练气的形式与内家拳的练气方式是截然不同的。譬如，硬气功及一般气功师的练气方法，都是异于内家拳的。

太极经论与行功心解，所详述的“气”都是与“劲”有关系的，非局囿于气血的循环与大小周天而已，非只是养身延年益寿而已。这些养身健康的内涵，都是内家拳的副产品，内家拳除了健康养身，兼具成就甚深的内劲功夫与御敌防卫的效果。

下面，还是要老生常谈，举述经论及行功心解所叙之气，与普通呼吸及气功差异之处。

《拳经》云："气宜鼓荡，神宜内敛。"气是如何鼓荡的？荡，就是荡漾，我们常听到"余波荡漾"这句话，在水中，在湖面，你丢下一粒小石块，噗通一声以后，水纹会一波一波呈圆弧荡开，这就是"余波荡漾"。水面之所以会荡漾，是因为落石沉入水中，落石周围的水受到空气水压的挤压，而产生这个"余波荡漾"。所以，这个"荡漾"是气的作用，是气去压迫水所产生的流动性、扩展性。那么，把这水的"荡漾"放到身体来讲、来形容，就比较容易理解。

我们的丹田之气，在凝聚饱满时，只要"作意"地"以心行气"，这个丹田之气，就像一个充满气的气囊，借着逆顺呼吸，去压缩鼓动横膈膜，这个运作，不只让五脏六腑起到运动效果，也因气的鼓动压缩，使体内之气向四面八方扩展，让气延伸至末梢及各支节。这个丹田之气的鼓动，等同落石挤入水中，使气向四面八方扩展，都是同样的道理。

那么，这个气的"鼓荡"作用与内劲的产生有何关联呢？体内的气受到运行而产生的鼓荡，这个"气流"会与外面的空气互相"磨荡"，它会产生"阻力""磨擦力"，甚至在体内产生我们肉眼所看不到的类似电流、电波这些动能磁场，在我们身心俱松至柔，丝毫不着力的情况下，这个能量就会更显著。

《拳论》云："虚灵顶劲，气沉丹田。"先谈气沉丹田，气为什么要沉于丹田？丹田又称为气海，是贮存累积气的地方，是养气的场所，是保藏气的所在，这个丹田气的储藏，是满而不溢的，所以才会说："气以直养而无害。"当我们的气储备满足，通过"以心行气，以气运身"，通过至柔至松的方法去鼓荡气，这个气就会在体内产生热能，亦即太极十三势歌中所谓的"气腾然"。

气腾然之后，就会敛人筋脉骨髓里面去，日久，累积汇聚成为“内劲”，这就是太极拳及内家拳所追求的武功内涵。这个“内劲”沉积越多越满越厚，功力就越精深，内劲浑厚的内家拳武者，两手轻轻提放在你身上，就能令人感觉一股沉实渗透的无形劲道直透内里，若是加上桩功及掤劲成就，只要一作意，轻轻打下一个暗桩，就能将人震跌而出。

“气沉丹田”之前一句是“虚灵顶劲”，也就是“顶头悬”的意思，就像关公看千秋一样，头是正直的，顶天立地，凛然正气，浩气参天。虚灵顶劲，气得经由夹脊督脉，达于百会，经由任脉下达丹田。练气的人，若是垂头丧气，或者眼神不定，心机凝重，则神不能内敛，气不能沉于丹田，心术不正的人，无法修炼内家拳，慢心重、傲气盛的人，无法练就内家拳，因为他内里的气总是散漫、飘浮、残黯的，所谓心浮而气躁，气是无法沉积的。只有心平而气和，才能长养丹田之气，直养而无害，直养而累积成就内劲。

《行功心解》云：“往复须有折迭”“牵动往来，气贴背，敛入脊骨”。这些都是其他的拳种所比较缺乏的。先来略谈“折迭”，为什么打拳架要“折迭”？又要如何“折迭”？通过各个关节的曲张伸缩，令各个关节在曲张伸缩之中，去鼓动体内的气，使气产生“鼓荡”作用。鼓荡作用的效益，前面已经叙述，不再赘言。那么，要如何“折迭”呢？很简单，只要以腿腰牵动身手，以腰腿为主宰，去带领，腿腰在前领先，身手在后随，在往复牵动之间，就会产生“折迭”现象。只能言尽于此。

“牵动往来，气贴背，敛入脊骨”。牵动往来就是往复折迭，在牵动往来、往复折迭中，使气产生气流，在折迭牵动中，使气流产生摩擦、擦撞，以及不可思议、不为人信的气场、磁波，再产生热能，这就是“气腾然”。气腾然以后，贴于背脊，贴于筋脉，然后收敛入骨，汇聚成极坚刚的“内劲”。

听起来好像在说神话，你信也好，不信也罢，如果相信拳经、拳论之语，你就会相信我所言不虚，练到这个层次水平，才知道我在说什么，信者恒信，不信者恒不信，我的文章是说给识者听，不是识者难与言。

如果要将经论所叙的气与一般呼吸之不同写起来，将会长篇大论，限于篇幅，只能略述。

第135章　太极拳与膝关节保护

修炼太极拳除了防卫技击之外，兼具健康养生的效益，但是有部分人练太极却练得伤痕累累，甚至留下某些后遗症，其中最常见的是膝盖受伤，这也是本文要叙述的重点。

膝盖之所以会受伤，是因为长期地过度承受身体的重力，使筋、骨、膜、韧带等受到重力的压迫、牵引、拖曳、扭转等，经年累月后，有一天突然发现膝盖有疼痛迹象，此时的膝关节已然受到损伤，大部分是膝盖软骨磨损、发炎，轻微的可以通过复健、矫正，或服用消炎、止痛药物而控制病情，严重者要依赖拐杖来支撑体重，减少压迫所带来的疼痛，更严重的则需置换人工关节，留下某些遗憾。

练太极本是以健身为目的的，但是因为练法不当而引生负面效果、负面作用，是值得学练太极者重视的课题。

本文以拳架及推手两点，来说明练太极而致膝盖受伤的原因。

一、拳架部分

前脚塌膝，膝盖超过脚尖，这是普遍现象。身体全部的重量，宜由九大关节均担，其中以脚承受的力量较大。脚受力的地方在胯、膝、踝三处，此三处支撑上半身重量之构架，需要去寻求适当的角度与支撑力点。以前脚而言，在向前施力时，大腿与小腿之内脚角度能保持 90°，是较适宜的支撑力点，膝盖若超过脚尖，则膝盖承受身体的重力就会加大，软骨磨损的机会就会增加。

这道理就好像一片墙壁即将倒塌，用一根木棍去撑住它，能不能撑得住，取决于墙壁之重力与木棍支撑力点之角度是否成适当之比例。

重心落在后脚时，前脚宜有部分地抓地力，来分担后脚之承受力。若全部由后脚独自承担重量，膝盖难免受力太重而造成伤害。某师强调“全身重量必须放在一只脚上，若不放在一只脚上，即成‘双重’”，此语是值得质疑的。个人比较认同形意拳前辈所主张的“前四后六”或“前三后七”比重之说法，这对膝盖来说，是具保护作用的。

重心落在后脚，还有一点需要注意，要“松腰落胯”，腰松则气沉，气沉则胯落，“胯落”就是胯要“落插（台语）”。“胯”与“后脚跟”能成一直线，使“胯部”在承受上体之重量时能沉落于后脚跟，让膝盖减轻重力负担。

立身中正安舒，保持中定平衡，是保护膝盖的一个大原则；身体前倾，前膝遭殃，身体后仰，后脚膝受损。《十三势行功心解》云：“立身须中正安舒，支撑八面。”这是保护膝盖最好的批注，它强调立身须中正安舒，不可前倾歪斜，即使在某些动作上，譬如“单鞭”“野马分鬃”“玉女穿梭”“斜飞式”等，虽然重心落于前脚，身体仍然要保持 15° 的斜中正，也是须能支撑八面，保持中定平衡，才不会使前膝吃力过重而有所损伤。

再者，还是要说到“气”。气，就好比机器，一部机器若缺少润滑油，它的磨损一定比较多。筋、骨、膜、韧带等若无“气”之输运滋润，难免耗损。所以，太极拳若无“以心行气，以气运身”，岂止“到老一场空”，留下后遗症，则悔之晚矣！《行功心解》云：“行气如九曲珠，无往不利。”身体九大关节，宛如九曲珠，节节相串贯连。行气如九曲珠乃是气遍周身之意，能气遍周身则能无往不利，不会留下遗憾事。《行功心解》又云：“迈步如猫行，运劲如抽丝。”迈步欲如猫之轻灵，桩功一定要先成就，桩功不是练腿力，不是练腿酸，而是练气沉敛于脚跟。若是练腿酸，长期地累积酸，就是磨损膝盖，累积膝盖的伤害。桩功成就则气沉脚底，稳如泰山，才能迈步如猫行。“运劲如抽丝”，劲是气的积成，运劲必与气相结合，气劲合一。若是没有运到气劲，那么，打起太极拳来就会空洞无物，虚无缥缈，无法呈现抽丝的韵味。《行功心解》云：“气以直养而无害，劲以曲蓄而有余。”这里已然点出，气是要养、要修炼的，通过练、养，而蓄敛，而成就内劲，也达到健康的效果。

二、推手部分

功体没有成就的斗牛式推手，也会造成膝盖磨损，而且比打拳架有过之而无不及，伤害更剧。为何如是说呢？因为没有“功体”，在推手时只能靠着局部力或蛮拙之力去硬推，虽然有些人练出了“听劲”，反应不错，到某个程度也会借力，但由于内劲没有成就，桩功没有成就，手的掤劲没有成就，加上“气”没有成就，无法藉气来运气打桩，所以在发劲时难免依靠脚的拙力，难免依靠膝盖之力来撑地，长此以往，膝盖受伤的机率就会增大。

在走化当中，如果气没有沉到脚底，身体前俯后仰或左右歪斜晃动，就会吃到膝盖之力，膝盖也是会受伤的。

《行功心解》云："曲中求直，蓄而后发。"不论手部的肘或脚部的膝，在推手发劲时都是"曲中求直"，不宜呆滞、过度使用蛮力，如此才能"曲蓄而有余"。所谓"蓄而后发"，蓄是指"蓄劲"，而劲乃由气之长期累积凝聚所成。在发劲时，藉由丹田之气的鼓荡、吞吐、蓄放等运为，瞬间疾速的同步同时打桩放劲，这是拳经所说的"完整一气"。

《太极十三势歌》云："意气君来骨肉臣。"不论拳架或推手，以意气为君、骨肉为臣，这是《太极十三势歌》所示。若是推手以骨肉之蛮力而为，没有以意气为君，膝盖多少是会受伤的。

《太极经论》《行功心解》等，都是以气、劲为主轴而论述的，所以不论要成就太极的甚深功夫，或是要达到健康养生的效益，都不能偏离它的轴心，如果舍本逐末，舍近求远，则成"差之毫厘，谬以千里，不可不详辨焉"。

第136章　为什么不会发劲

某君学太极拳十余年，来找我练拳，目的是为了学发劲，因为他真的还不会发劲，而且连自己是否练出内劲来，也弄不清楚。近日，又有两个人在某名师处学了五年的某派太极拳，但是却跟我说他们不会发劲，他们练的每一个招式几乎都是有发劲及抖劲动作的拳架。看了我的文章论述，想来探索“内劲”的奥秘。

学拳多年，还是不会发劲，这是目前太极拳界普遍的现象，不足为怪。但是此状况，是值得太极拳老师深思与检讨的大事。为何如是说呢？因为既然出来开班授徒，就有责任把“真功夫”传承下去，绝对不能敷衍了事，或者故意留一手。拿人学费，却没有把功夫教给学生，这种老师是有极大过失的，也是要承担因果的，因为学生不只浪费金钱，还浪费了金钱所买不回的宝贵时间，而且会让学生对所学的太极拳失去信心，也对太极拳的技击实用性产生无法移转的怀疑。

或许某些老师会说，我们只是练健身的，不教内劲、发劲这些东西。要是本意如此，也当事先言明，不可让学生在不明的状况下，一直在心里有所期待，而在延宕多年后，被学生看破手脚，远离而去。

太极拳，从起势到收势，每一招每一势，都存有蓄劲与发劲。在内劲功体尚未成就之前，当然是还不会发劲的，但是在练习阶段当中，其实都是在为将来的实用发劲上着眼而铺路而练习的，不是拳架归拳架，发劲归发劲。拳架与发劲，本来是一体的，是同一件事，一个是体，一个是用，体用是一体的两面，“用”的前提是练“体”，练“体”是“用”的一个过程，二者是不能断离分开的。

所以，在教拳架的时候，要一招一招地教，每一招它的作用在哪里，它要如何发劲，或者要如何接劲，都要让学生彻底明白，而且，不只是口头讲解，还要示范及做喂劲动作，让学生亲临其境，去经验，去感受。

教太极拳，不是老师在前面打，学生在后面跟，也不是改改拳架姿势，或者把拳经、拳论拿来朗诵一番即了事的，也不是千篇一律的每天只是打那些不明作用的拳架，每天都是老调重弹，旧饭重炒。

这也不是说打拳架不好，而是有没有把拳架的作用内涵打出来、练出来。太极拳不只是养生运动而已，它涵盖着甚深的技击格斗功夫，做老师的应该把这些武艺教上来，传授下去。

有一个学生来跟我学拳，他原先的目的只是想健身，但练了一两年，已然练出少许的内劲以及听劲反应。他说练拳最大的收获，除了身体得到很好的转变，还有就是反应变好了。有一次他突然滑倾，身体失去重心，即将跌倒，却能自然地发出反射作用，瞬间把重心调整过来，保持了平衡而免于跌倒。

这些都是练太极之中会得到的益处，即使无心插柳也能柳成荫。若是有心在追求功夫的，却白练了五年、十年，什么也没学到，岂不冤枉！

学太极，做学生的也应该有择师的智慧。或许在没有接触太极拳之前，也不明白谁是明师，谁是充数的，在这方面除了机缘之外，还得靠自己的智慧去判断。初学，练个一两年，拳架已经稍有基础了，下盘的桩功及手的掤劲也应该有部分的功力，若是自己觉得什么都没学到，光会比手画脚地打那些不实际的拳架，老师也没有进一步作更深层的教导，此时，做学生的心里应该有个底，应该打一个问号，如果再耗下去，是否能够练到功夫？

若是只会傻傻地随下去，光阴是不留情的，一晃，三五年就过去了，又一晃，十年也过去了，回头返顾，功夫好像离自己还很遥远。此时，悔之已晚，发觉自己已迈入中老年，练功夫的那一股冲劲与信心似乎已经提不起来，已经消失殆尽了，只好随波逐流，把太极拳当作随兴玩玩的运动，自己也不敢承认太极拳是能致用防身的武术，遇到场面，自己都对练拳多年，是否有自我防卫的能力存着一个问号。

为什么练拳多年，还是不会发劲？

第一，下盘桩功没有成就。站桩，若只练浑元桩是不够的，要练前三后七的桩，要练前撑后蹬打暗桩的桩，要练外表松柔、内里暗潮汹涌的桩，要练气能入地生根的桩。

第二，手的掤劲没有练出来，气没有沉着到筋脉骨头里面去，打拳的时候，筋没有松开、撑开、拧开，不明白随曲就伸、曲中求直之涵义。

第三，丹田之气没有凝聚充实，没有丹田之气，就没有办法打桩，会打桩而没有丹田之气，也只是空包弹，发挥不了作用。

发劲必须三者俱全，缺一不可。那么，老师教拳，有没有朝着这些方向目标在教，做学生的就能知道判断、抉择。若是教拳架只是比手画脚，没有朝着这起码的三样内涵在教，恐怕是充数者居多。

做学生的也需自我检讨，自己有没有老实认真地练拳。有些学生连上课都不认真，老是迟到旷课，自己都热络不起来，老师难免也会意兴阑珊。很多学生上课都比老师晚到，慢个十分钟他也不当一回事。其实上课遵守时间是很重要的，也许学生觉得时间是我的，晚到十分钟没什么要紧；做学生的千万不要如此想，十分钟虽然不是很长，但这十分钟却是代表你对老师是否尊重，以及你对学习功夫的态度是否足够诚挚，有些老师对择徒及功夫的传授，会从小地方去筛滤拔擢。

师生之间的互动也是蛮重要的，不要有距离及鸿沟。作学生的如果不肯主动接近老师，去培养师生之情谊，对功夫的追求难免也会有所阻碍的。要亦师亦友，是老师也是朋友，有问题要主动提问，没问题也要将自己练拳的心得、感觉说与老师听，这对功夫的追求是有绝对的帮助的。

我以前跟老师练拳，是跟得很紧的，老师到哪儿上课，我就跟到哪儿，当他的助教。老师外表严肃，内心温和仁慈，师兄弟们都有一点敬畏老师，有问题也不敢问老师，只得由我代劳代问代答，那些后来的学弟，几乎是我在带的。

在高雄，我有两位师伯，功夫都很好，我一得空就会去找师伯泡茶聊天，当然最重要的是学功夫。我从两位师伯身上学到很多东西，师伯也乐意教我，这都是缘于我对师伯的尊敬和真诚对待，也把师伯当朋友般的亲近与热络。

有些学生，不肯接近老师，老师在这边，他却躲在远远的那边练拳，老师也不知如何教他。

想学功夫，学太极，学发劲，除了善择明师，还得靠自己老实练拳，如果有幸遇到好老师，要知道珍惜，要真诚地亲近老师，建立师生情谊，这情谊，不是金钱，而是以心对待，能如是，功夫定可指日而待。

第137章　二争力

二争力，是一种互相抗争的暗劲。譬如，前脚有往后的撑劲，后脚有向前的蹬劲，或左撑右蹬，或上下撑蹬，或全身立体圆弧对抗。二争力的作用，是令气血产生挤压与鼓荡，使循环加速、加强，在健康方面，达到养生效果，在拳术上强化内劲，在技击上，发挥极致的爆破力。

二争力，是内家拳的重要内涵，一般的武术较少提到，也较少有这种练法。一般武术在做向前或其他挥拳动作时，那股力量只有一个机制，就是往前冲刺或其他方向的挥拳力道，是直线奔出，没有拳经中所谓的“随曲就伸”“曲蓄有余”之内涵，也就是说，它的变化没有那么细致与丰富多彩。

这种力道在养生而言，是消耗体能的，是损耗身体内在能量的，这种磨损是慢性的，是不知不觉的，不是短时间可以感觉得到的，而是在累积到一定的损耗状况后，才能发觉的。

内家拳不主张用蛮力、拙力，是以行气、运气而产生劲道，累积内劲，所以练拳是以慢匀为主。在慢匀之中，为了使气血得到张力及激活力，因此，打拳练拳，在行功运气当中，必须有二争力的挹注，必须有二争力的灌输。

内家拳，外表松柔慢匀，内里是暗潮汹涌的，是摧筋拔骨的，全身是拧裹撑张的，目的是为了松开筋脉骨膜，活化气血，产生弹簧劲道。这个弹簧劲道，能在发劲时，由于全身圆弧立体二争力的引动，在出拳后快速弹拉而回，准备第二波及往后无限次的连续攻击动作。一般拳术的出拳攻击，力道是一线的，拳去了，就去了，力量是随着方向而一线行去，较少有折回弹簧劲道。太极拳，走圆弧路线；形意拳，步法虽直来直往，拳路也是走圆；八卦，摆扣穿梭，更是讲求周圆。

二争力，是两种劲道的互争，这个互争，是内里暗劲的拧裹，是暗劲的撑蹬，是暗潮汹涌的内在滚荡。二争力，不是惊涛拍岸，然而在用时却能惊涛拍岸，卷起万重浪。

二争力，是一种内里暗劲的表现，暗劲，是暗的，因为是在内的，外表看不到，所以才叫暗劲。只有明白暗劲练法的人自己知道，外面的人不晓得你在练什么，只有会看门道的行家才能默识，外行只是看热闹。

站桩，有二争力。譬如，形意拳的三体式、三才桩，八卦的虎坐桩等，是前撑后蹬的二争力。单练基本功，譬如太极的云手、采手等，是左右撑蹬的二争力，八卦的缠手、推磨及形意的穿钻掌等，是立体圆弧拧裹二争力。这种二争力的主轴点大部分是由两脚跟的暗桩所引动的对抗拉扯力。

下盘脚跟的二争力向上引动腿腰的二争力，因下盘的二争力而牵动腰胯左右圆弧互拧，也产生随顺的二争力，由脚而腿而腰，形上于手，结合成一束完整的连动二争力，这才是拳经所谓的节节贯串，才是拳经所谓的完整一气。

《拳经》云：“有上即有下，有前即有后，有左即有右。如意要向上，即寓下意。”这是在讲什么？只有体悟内家拳深层内涵的修炼者，才知道拳经其实是在说二争力。只有懂得运用二争力的原理，在发劲时才有拳经所说的“若将物掀起，而加以挫之之意，斯其根自断，乃坏之速而无疑。”只有懂得二争力的人，才能于发劲时而挫人之根，在彼根自断时，当然能坏之速而无疑，刹那令对手奔跌而出。在发劲时，后脚暗桩打入地，前脚需微往后撑，才能在发劲时产生急速而脆的反弹后座力，借着二争力的回弹劲将人打出。

二争力的互争，有前后的互争，有左右的互争，有上下的互争，也有向内的互争。如八卦的荷叶掌，掌心圆扣，拇指与尾小指互扣相争，又如八卦的欢喜桩及达摩桩，是双掌的外缘对争。

二争力有两脚的互争，有左右腰胯的互争，有双手的互争。二争力也有单手的互争。譬如，单手臂的外撑内裹，掌部的外撑内含；含胸拔背是一种前后的二争力，虚领顶劲则包含上下及前后的二争力，圆裆是内含外张的二争力，沉肩坠肘是下沉与上挪的二争力。

在牵动往来与往复折迭当中，处处时时都充满大圈小圈的立体二争力。在拳架的游行当中，若是没有二争力的挹注，若是没有二争力的送输，则无法鼓荡气机；气不能鼓荡，则打拳无益，没有二争力，不能产生阻力，如果没有阻力，就不能摧筋拔骨；筋脉拉不开、松不开，无法成就内劲。

打拳如陆地行舟，在水中行舟，因为有水的阻力，那个划桨因为有水的阻力之依仗，这舟才能向前行。这阻力是一个支持力，就像撑竿跳，如果那个竿底没有地面作支力，这竿就撑不起来，这支力就是一种阻力，也是一种竿与地互争的二争力。

出拳发劲打人，下面靠脚发力打桩，地底是一个支点，也是一个阻力，从支点所引生的阻力，借地的反弹回力，产生疾速的爆破脆劲，瞬间传乎手。手或拳打中对手时，力道虽是向前的，但因脚腿腰所引申连动而贯串的二争力，很自然地在手出力击出时有拉回的力道产生，所以手的出拳，它有二道力量，一是向前，一是弹拉而回的向后。这听起好像很玄，有些矛盾，等到有那么一天，自己练到那个境界，才能恍然而悟，一点也不玄，一点也不矛盾。

练太极，练形意，练八卦，或者其他可归类为内家拳的武术，如果没有融入二争力，拳架中没有二争力所产生的阻力作内涵，那么他的“以心行气”“以气运身”将变成空洞的空中楼阁，是虚无缥缈的，是难以成就内劲的。以心行气，以气运身，多数的气功师都会，但他们不能成就内劲。

气功师的练气，大抵是以意导气，让气在身中行运，这作用仅能使得气血畅通，增加气感、气场，对养生是可达到一定程度的效果，但在武术的立场而言，这种练气方式是成就不了功夫的，是成就不了内劲的。

二争力，不是蛮力，不是拙力，不是使外力。二争力，是运使暗劲；二争力，是沉劲的运为；二争力，是一种既张又裹的掤劲；二争力，是气的暗涌；二争力，是一种抽丝运动；二争力，是百炼成钢的协奏曲。

二争力，不只是肢体的互争而营造一股无形强烈的阻力，还有内里“气”的互争，譬如，丹田气的内转，在往复动转之中，形成互对的二争力，有内里气与气的互争，也有内气与外头空气的互争，内外交织、错综复杂、立体缠绕，涵盖了向心力与离心力。

所以，内家拳是内容精彩丰厚的，与一般拳术迥然而异，如果学练内家拳，缺少这些细腻的内涵，则会流为王宗岳老前辈所归类的“斯技旁门”。

第138章　肉架子

太极拳大师郑曼青先生在他的《郑子太极拳十三篇》所述口诀中论述到，“我不是肉架子，汝为什么挂在我身上？”意思是说在推手时，你的双手或身体任何部分，若像一摊死肉，笨重、拙滞、用力地附着在我身上，就会让我察觉你的动机、动向，你的一举一动，就会被我所掌控、了知，如此，你就成为挨打的架子。

这意思是说，推手是靠听劲，靠灵敏反应，是舍己从人的，不是硬取、硬干。推手不是霸王举鼎，不是莽夫推石，推手是“一羽不能加”“蝇虫不能落”的；推手不是“相扑”，不是死缠滥打，不是斗力耍蛮。

所以，太极推手是轻灵的、是活泼的、是松柔的，不可把自己变成一摊死肉，挂在对手的身体上。从另一个角度来说，自己不能成为被挂的“肉架子”，不能使对手的那一摊死肉挂到自己身上来，不能使力硬顶、蛮抗，他来一分，我就走一分，他来八两，我就消半斤，这是“走化”。

郑大师说：“太极拳是崇尚松柔灵活的，最忌讳呆板拙滞，如果像肉架上挂肉，便是死肉，有何灵气可言呢？”这里似乎是讲拳架的，打拳架是不能使拙力的，是周身俱要轻灵的。郑大师的论述，是后辈郑子太极拳学习者的旨圭，也是郑子太极拳学习者所遵循的。

拳法无定法，太极拳的思路，可以是宽广而多面的，关于“肉架子”，我有自己的看法。我可以当肉架子，让你的死肉挂在我身上，把你的来力承接着、掌控着，让你跑不掉，让你离不开，由我来主导拿捏。我可以用下盘的根，来当肉架子的支力，将你的死肉重量承接到脚底，借地打下暗桩，将你打发出去。我的肉架子不是死架子，它可以灵活移动，改变你死肉的笨重方向，让你在我的旋涡外围被离心力所抛掷。

在拳架方面，松柔轻灵是必须的，但不能流于懈慢，空洞无物，外表虽是不用拙力的，但内里的气须是鼓动激荡的，须是摧筋拉骨的，须是暗潮汹涌的，须是多彩丰盛的，须有二争力的拧裹，须有阻力的营造。

譬如，手臂捧举起来，筋须是拉长张开的，它是有掤劲存在的，它是有承载力、有扩展力的，它是有气的挹注与灌输的。手可以是个“肉架子”，挂着一团无形的肉，这肉是气的呈现，它是有质量的，这团眼睛看不到的气，是可以产生有气的流动感觉；有气的沉劲感觉；有气的阻力感觉的。

若打拳架，不能感觉有一个东西（无形的气）挂在手上，使手臂有“沉”的感觉，有浑厚的感觉，那么，打的绝对是空拳，是没有生命力、没有灵魂的空拳，是成就不了功体的空拳，是成就不了内劲的空拳，是流于花拳绣腿的太极操。

第 139 章　武术的迷思与智慧

网络流通后，武术的推展如百花争艳，各种武术招生文宣令人眼花缭乱，不知谁是好老师，谁是充数的。对初学者而言，因为本身对武术没有基本概念，所以只能依凭那些广告文宣的花言巧语以及语音播放影片而自行抉择。

语音播放影片、光盘的制作，有技巧性，有预套性，就像电影，可以剪接，可以预先配套动作，以假乱真，迷惑大众。

在网络上，曾看到某派拳术的表演，师父伸手一指，没有碰到学生，学生就飞出去了，师父手划一圈，学生就翻筋斗倒下去，学生随着师父手的指挥，东倒西歪，配合得非常完美，真能隔空发劲。后来这位师父参加武术格斗比赛，只一拳就被秒杀，被打得鼻血直流，真是狼狈不堪。你说，他那个广告文宣，要不要收摊打烊，或者还要继续欺骗读者？

武术需要这么夸张吗？这样自我膨胀的宣传，是否有人会相信？有智慧的人当然不会相信，但辨识能力差的人，却会信而不疑。

一位拳友对我说，在网络上看到一则语音播放影片，老师单脚金鸡独立站着，让学生推，怎么推都推不倒。这位拳友问我，可能吗？我只能一笑置之，这当然也得以智慧去辨别。武术功夫的真伪、武术的深邃，非一般常人所能了解，但有两个方向可以去思维，譬如，科学理论依据以及力学物理原理的推断。

一只脚独立站着，本身的平衡中定已不容易维持，更何况被人推；以力学物理原理推论，一只脚独立时，为维持平衡，身体定会微偏一方，如果被人用力一推，因为没有另一只脚来取代虚实的转换，必定倾倒无疑。

隔空打牛、隔空发劲，只能在武侠小说或电影中看到，实际生活中无此机能。空气是会流动的，也因为会流动，而在人体有限的极致力量的挥击中消失动能，所以人不可能在挥掌、出拳中，将空气射进对手的身体，因此，也不会有隔空打牛、隔空发劲的异常功夫。

内家拳的发劲，是瞬间将气与劲挤压到对手身内，因为借着对方身体的阻力，使得气无处宣泄，形成挤压爆破力；如果没有打着身体，没有阻力作用，就不能产生这个挤压爆破劲道。

让人推不倒，其实不算功夫。武术的终极，就是格斗、搏击，是全方位的，不是站在那边让人推不动。

还有，太极拳的推手发劲，是必须借到反弹力的，如果没有借到对方的来力而反弹，也必须自己能够“引”，引动他有来势、来力，否则，对方都不动，要硬将他推出，是得倚靠些许的蛮力的，这种情况，就不叫“发劲”，而是蛮力的“推”。因此，若有人能将一个不动的人打发出寻丈之外，这里面是有文章的，是有配套的，宜善观察，以免被糊弄了。

雅虎奇摩有很多武术部落格，推广各种武术，有些对自门系统功夫的论述、练法、心得等，有其独特的叙述，使学者有所获益，令人赞许。有些则是把《拳经》《拳论》等经典贴进来，或者引述前辈的拳理论述，或者转贴现今其他部落客的文章，来充填自己部落格园地的内容，自己本身却是无所创作的，或者东抄西摘，勉强拼凑，剽掠为自己的东西。

学拳练功夫，如果学到、练到某一个层次水平，一定有自己的东西可写，可以拿出来与人分享，而且写出来的东西，一定会掷地有声，一定会有独特的内容与风格，因为是自己的东西，与那些东抄西拼而成的文章绝对大不相同。

武坛、武界，争奇斗艳，儿子是自己的好，功夫是自己的棒，老王卖瓜，当然是自卖自夸，各个系统、各个门派，各有优点。初学功夫宜选择自己的兴趣趋向，符合自己的体能、自己的性向、自己的理念，寻找一个有缘的好师父，努力老实练拳，庶几有成；若是急功贪快，冀望速成，可能会有所失望。

若是迷信名师、崇拜名师、情执名师，将会难有所成，徒耗宝贵的时间与金钱。

初学武术，是有些盲目的，不知何者为好，不谙何人功夫为实，有几个方向可以细心去求证：

第一，他的拳理论述是否能与实际功夫相印证，是否只有空洞的理论，而无实际的功夫。

第二，他的理论是否与拳经、拳论等经典相契合。

第三，他所示范的功夫是否符合科学及物理力学原理。

第四，他是否是正直诚实之人，可从他的言谈表情中窥见。

第五，请他向你实际发个劲，去体验他的劲道实感。真有功夫的人，暗劲轻轻一按，就能感觉他的劲道是否浑厚沉实，好师发劲恰到好处，不会伤到你，却能让你感受内劲的威力。

学功夫，一半靠机缘，你有好的缘，才能遇到好师；如果你只以他的道场豪华舒适性或学生的多寡而取舍，有时会失之交臂，选到滥竽，错过好师。

武术道场，五光十色，令人眼花，会令人迷失正确方向，所以，除了机缘，还是要靠自己的智慧去作判断。

第 140 章　在桩功中打拳

打拳架，必须有桩功与气功涵盖其中，这样的拳，才是有灵魂、有生命的。缺乏桩功与气功的拳，只是运动体操的把式，不能称之为“拳”。

很多人打拳是站着打，胯不落，膝不曲，完全是没有桩法的，下盘就像摇摇欲坠的“积木玩具”，这样的拳，是成就不了功夫的，顶多只是身体有微许的运动。有些人因为下盘没有着落，没有支撑力点，在前脚塌膝、后脚吃力的状况下，反而伤害了膝盖，造成膝盖疼痛，留下后遗症，令人惋惜。

打拳处处都要有桩，要“下腰”、要“束身”，胯要“落插”，膝要微屈而富有弹性，不要把膝“坐死”了、“僵固”了，膝要活络有弹力，才不会造成膝伤。脚踝也很重要，脚掌脚跟是全身受力的基座，脚踝的落沉可以分担脚掌重量，舒缓脚跟的负担。

从腰胯到脚跟，是下盘支撑全身重量的基础，下盘如果没有基础，打拳就不稳固，不能得到中定平衡。下盘没有基础，发劲就使不上力，没有办法打桩，无法借地之力，没有了这个借地反弹的折迭劲，打出的就是死力，是一种拙力，是一种使蛮而成的拙力。这个力道，与打桩借地反弹的折迭劲，是天壤之别的，是无法比拟的。

“下腰”就是腰要下落，包含着胯的“落插”，这样，气才能沉。

“束身”就是把身体束结起来，就像把一捆散落的竹筷束集起来，使得全身力量团聚在一起，也把内气凝结在一起，气与力相结合。胯要“落插”，气才能沉于丹田、凝聚于丹田。气沉于丹田、凝聚于丹田，打拳时才能鼓运丹田之气，通过气的鼓荡折迭与牵动往来，才能运劲如抽丝，才能“行气如九曲珠，无往不利”，才能“运劲如百炼钢，何坚不摧”。

膝是微屈的，但要富有弹力，不要把死力固集于膝，不要塌膝，不管是前塌或后塌，一旦塌了膝，它的受力程度反而加剧，造成膝盖的损伤。

腰是要松的，松了才能集气于丹田，但这个松不是松懈、松散的。腰的松，要松得有活力、有弹力，还要有裹劲与拧劲。裹，是含裹，是包含，就像古人的包裹。古代人没有皮箱装衣物，只能用一条大布巾将衣物包裹起来，把布巾两个角打结，把衣物裹藏在里面。裹劲，就是把气裹结、集藏在丹田，使这个气囊壮扩起来，厚实起来。拧劲，是二争力的相拧，好像拧毛巾一般，靠着二争力把水拧出来。二争力是一种巧力的互争、相拧，不是蛮力的抗斗（请参阅第 137 章“二争力”一文）。

下盘的稳固，不是练蹲法，蹲得低，只是练到脚力、肌力，对于往后的发劲是产生不了作用的。桩功的作用，在于能“支撑八面”，使我们在动静当中，都能维持着中定平衡，那么，这个“支撑八面”的桩功架构是什么？除了身体九大关节的力学原理的支撑外，还有气的挹注沉淀，才能成就“不倒翁”的下盘的真正稳固。而且，这个稳固，是机动的稳固，它随时随地、方方面面、任何时节都是维持着平衡中定的，不是只有在站着不动时才能达到平衡中定的效果。

站着不动，让人家推不动，不是真功夫，反而是一种死功夫，不值得羡慕、向往，因为武术的搏击格斗，是机动而富于变化的，不必去练那种死功夫。

坊间有人教推手，崇尚于土法炼钢，是舍本逐末的练法。他们的练法是，师傅用力压按学生的肩膀或腰胯，让学生去承载那个蛮力，然后蹲下去，转腰、摇晃身体，说这就叫走化，经过一段时间的练习，脚力可以承载压力，也可以蹲得很低让人推不动，说这就是推手功夫。

推手，其实不是这样。推手不是练力、练死顶功夫，如果把劲练死了，虽然你顶抗功夫有了，但在往后的真正搏击战斗中，这种死顶功夫是用不上的，真正遇到场面时，只有挨打的份儿。

推手，只是功夫的一部分，是搏击格斗中的一个阶层练法。推手的目的是练就灵敏的反应机制，在与对手接触的刹那，能感应对方的动机，在粘连黏随当中，洞触先机，得知对方的动向，感觉他的来龙去脉，得机得势，先发制人。

推手要练的还有发劲与接劲。发劲三要件，涵盖桩法、掤劲及丹田折迭劲的运用，不是只练让人推不倒，不是只练用蛮力将人推出去，或扭抱搂摔（请参阅第 34 章“发劲三要件”一文）。

桩功的练习，除了固定式的站桩，还有动步的桩法，就是在拳架中练桩法。本来拳架中就涵盖桩法的，只是一般人都忽略了。在拳架的行运当中，时时处处都要有桩法的存在，在前进后退、左右腾挪、虚实变化当中，都不能丢掉这个桩法。若能时时刻刻地保持桩法的存在，那么，你在打拳之中，已经在兼练桩法了。不可小觑这个桩法，因为它是成就发劲的必要条件之一。

桩法，要有内气的沉淀、挹注，要通过“以心行气、以气运身”及大松大柔的锻炼过程，令气沉入脚底涌泉，入地而生根；气能生根入地，在发劲中，打桩才能发生作用。如果涌泉无根，腰（丹田）无主，那么，练拳终生亦无补益，这是《太极体用全歌》里所说的真言。

涌泉有根，就是指桩功的成就，腰有主，是指丹田气的成就，如果涌泉这个根盘没有根，没能入地生根，就打不成一个桩，没有打桩的发劲，是空洞的，是不结实的。这个桩打下去，如果没有丹田气的沉淀、挹注，也是个空桩，是个空包弹，产生不了击破效果。纵然有人力大如牛，能打出多少磅的力道，但这种力道，与真正的发劲，是不可同日而语的，是天差地别的。

桩法，还涵盖物理、力学的支撑架构，九大关节必须含蓄着气与力，互相支撑，互相扶持，运用巧力去取得支撑角度。这个“角度”是很重要的，如果取角不适当、不适度，那么，你得花费较多的力气去支撑身体的重量，形成一种体力的耗费，也会形成各关节的耗损，需要特别留意。譬如练三才桩，两脚同肩宽，前后分开，前脚四分，后脚六分，或前三后七，在膝与胯间要构筑一个适当的角度，也就是有支撑力点的角度，胯的力度须经膝而直透脚跟涌泉，若是胯与膝的角度选取不当，就会造成膝盖的瘫塌，力道不能直达脚跟，甚至还会损伤膝盖。

除此之外，其他各关节，从腰胯而上，到脊、肩、胛、颈、肘、腕、手，都是互有连结的，不能脱钩，若有一环节脱钩了，就不能“完整一气”，不能发出“整劲”。

第 141 章 拳经、拳论之重要性

《拳经》《拳论》《十三势行功心解》、戚继光的《拳经捷要篇》，都是武术经典之作，是前人武术的智慧结晶。习练武术，不仅要熟读这些经典，更要用心去参透其中道理，这样练拳才能与理论相结合，才能事半功倍。

这些经论是古人武术到达高峰后的心得。我们读经看论，或许一时不能了解里面的道理，但只要有恒心、有毅力地去练、去悟，终会豁然开朗而得其要旨。

如果成天只知谈论拳理，口沫横飞，不老实练拳，得到的将是“老来一场空”，浪费了宝贵的生命，虚掷了宝贵的时间，所言也仅止于知识范畴，与实证功夫相去甚遥。

除了经论之外，有关武术的书刊、杂志，均要去浏览、参阅。古人的智慧好，今人的脑筋也不差，写出来的就是人家的心得，正确与否，需靠自己去判断，不要囫囵吞枣，一味迷信，乱吃一通，消化不了。如果能去芜存菁，留善弃渣，经过淬炼，就可以成为自己的东西。

如果某人或某师所发表之言论，与《拳经》《拳论》《十三势行功心解》等论述相悖，不宜盲目迷信，不宜有崇师与情执心态，应以慧眼去作正确之判断及学习的方向与目标，这样练拳才不会旷废宝贵的时间。

第142章　崇师与情执

崇师，就是崇拜自己的老师，或崇拜不是自己的却非常出名的老师，有些虽不出名，但因为与他自己的思想观点相类似，自己也崇拜得不得了，老师讲的话就当圣旨般崇奉，老师的言行举止也当作学习模仿的对象，如果有人评论了他的老师或他所崇拜信仰的名师，他就会与人恶眼相对，或竭力护师。

现在流行的偶像、粉丝，年轻人或熟男熟女，崇拜影剧歌星人物，疯狂疯迷到无以复加，真是匪夷所思，他们虽非崇师之类，但崇拜心态相同。

情执，把自己的情感投注于某人或某团队、道场，把自己的身心世界全部投掷于自己所崇信的人、事、物当中，把自己的时间、金钱、心力全部放舍于不管对错的事务，被人以感情而束缚在旋涡深渊中，跳脱不出，或不想跳脱，宁愿自己的情感被束于无形的笼牢中，执着而无倦怠，无法自拔，谓之情执。

学武术，崇敬老师、尊师重道是正确的，只有尊敬老师，才能得到老师的倾囊相授。如果以为缴了学费，就不必尊敬老师，把学功当作一种交易行为，这样的心态，铁定得不到老师的真功夫，只能学得一些表皮而已。

崇敬与崇拜不同，崇敬，是出之于内心的恭敬，仰慕老师的真实功夫与武德及一切正确的修为，是值得学习的。

崇拜，是无缘由、不分对错是非曲直地仰慕某个人、某个老师。看对眼了，就产生莫名的景仰，不管他为人如何、功夫如何，就是要跟定他，不管能不能学到功夫，只要能做他的学生，跟他共处，就觉得很满足了。

大陆有一个女孩，崇拜香港某影星，也不管家里环境经济如何，就是千方百计想到香港一见此人。结果又如何？见到了只能满足自己一时的虚荣，对于现实生活有何帮助？当自己的梦境幻灭时，只能留下无限的惆怅与空虚。

崇师也是如此，一味地崇拜，会失去正确的方向，迷航于茫茫大海中，永远找不到智慧的彼岸。

情执，有些老师或某些道场，会以情感笼络学生，用一条无形的绳索牵绊你，纵使你想离开，也会觉得不好意思而犹豫不决，或被刻意赞叹几句而自喜于空无的虚荣当中，最后还是被系缚住，难以脱离。

更有甚者，是自己把感情释放太多，自己心甘情愿将感情交付出去，自觉对老师或道场有某种程度的付出功劳，而执着在这些自迷的功劳里，认定这功劳与成果，有自己的一份心力存在，已然将道场或老师的一切视为自己的一部分，无法分离割舍了。

崇师与情执，是习武的障碍，是修行的障碍，会令你迷失正确的方向。所以，不管学技艺、学武或学佛修行，都必须建立正确的知见，有正确的知见，你才知道正确的方向与目标，快速地到达理想的目的地。若是一味地崇师与情执，将永远在迷宫中穿梭乱撞，永远无法跳脱危险的火宅，永远是灯火外围的蝇蚊飞蛾，不仅无法成就般若波罗蜜，还会投向邪知邪见的深坑当中，自寻苦恼。

若是明知你的老师或是道场或是团队是不入法的，却碍于崇师与情执的情感与情面，自愿堕于邪见深坑中，无法自拔舍离，终究要被苦恼所缚，非是智者。

第143章　一门深入

选择一种拳法，一门深入，才会有成就。如果三心两意，心情不定，喜新厌旧，追求新奇，或太过贪心，每一样都想学，结果没一样能学好。或是三天打鱼，两天晒网，练练停停，自己骗自己，则永远不能成功。

形意拳名人郭云深先生，只一式半步崩拳打遍天下无敌手。所以不求多，贪多嚼不烂，专精才能成就。

譬如学佛，八万四千法门，无法样样学透，太多太杂，难以专精，一门深入，如专修净土法门或禅门，定可成就。

以内家拳而言，形意、八卦、太极，虽皆需练习，但宜分主修及副修。以个人为例，我是主修形意，副修太极、八卦，每天必练形意拳两个小时，再复习太极、八卦，所以对形意拳有独到之体会。一门有成，别门也易于掌握。

一门深入，是武术诀要，道理也很简单明白，但是练拳的人，大部分太聪明，反而被聪明所误。

第 144 章　太极拳以慢练为宜

拳经、拳论或行功心解等太极拳经典，虽无明白举示练太极拳应以慢练为主之文字记载，然而从经论中，不难看出太极拳应慢练之涵义。

张三丰祖师《拳经》云："气宜鼓荡，神宜内敛。"气之鼓荡，宜慢，使五脏内腑藉气之鼓荡得到运转动荡，达到运动之效果。如果鼓荡太快，呼吸过急，心脏跳动超速，就会伤害身体。神宜内敛，是观照功夫，心神往内照看，看住呼吸、吐纳，心息相依，看住念头不起妄想，这就得有静的功力，而静乃由慢动中得。

王宗岳《太极拳论》云："虚灵顶劲，气沉丹田。"欲达气沉丹田，呼吸要慢，而深而长而细而匀，然后气始能落沉于丹田，快则不能达。《行功心解》云："以心行气，务令沉着，乃能收敛入骨；以气运身，务令顺遂，乃能便利从心。"行气，一定要沉着，气才能敛入骨髓，生出内劲，强化筋脉。运身，呼吸必定要顺遂，不能急促，才能随心所欲，使身心得到利益。所以行气欲能沉着，运身欲达顺遂，下手处皆以慢练为是。

《行功心解》复云："行气如九曲珠，无往不利。"九曲珠的典故，是说孔子得到一颗珠子，叫九曲珠。九曲珠的九是很多的意思，九曲就是珠子里面有很多的弯曲小孔道。孔子想要拿线穿过这颗珠子，但是却无法完成。当时有女子教孔子用蜂蜜涂在线上，利用蚂蚁搬蜜的特性，将细线穿过这颗九曲珠。有人将九曲珠喻为人体九大骨关节，行气如九曲珠乃气遍周身之意。行气应使身体九大骨关节皆能通透，使九大骨关节均可得到气的滋润，达成养身效用。这种说法与孔子九曲珠的典故虽有所出入，但是也有微对的一面，因为九大关节概括了人体的大部分，九节如果畅顺贯通，似已大致矣。

《行功心解》又云："迈步如猫行，运劲如抽丝。"我们练太极拳之基本功，猫步，步法宜稳、宜轻、宜慢，慢工出细活，慢中练就轻灵，慢中练就沉稳；若快，变成走路，无法成就功夫。运劲如抽丝，古人养蚕抽丝，织布做衣。当蚕吐丝成茧，经水煮，茧软，以人工抽丝，抽丝有技巧，就是慢而匀，丝才能被抽出而不断裂。同理，太极拳鼓运内劲，就像抽丝一般，要慢而匀，内劲才能源源不绝生出，累积蕴藏而备用。

某太极拳杂志某某先生论述"太极拳与刚柔"中第三项谓："……当然太极拳的刚柔虚实变化必须从缓慢起步锻炼，但现代有人片面过分强调太极拳的缓慢，还有把拳经中'运若抽丝处处明''运劲如抽丝'理解为动作只能缓慢匀速，还有说太极拳能'以慢制快'的，又有认为太极拳是练时慢应用时快的，这些认识对照拳经的阐述可知都是错误的。拳经所说的'抽丝'是对太极拳由下而上劲力传递的一种比喻，并无只能慢不能快的意思。在日常生活中，蜘蛛的抽丝就可缓可疾，日常可见的网上蜘蛛抽丝十分缓慢，而一旦当它感到有危险临近，就会如跳伞员从高空的飞机上跳伞一样，倏忽间拖出很长的尾丝坠落到地上逃遁了，速度十分疾快……还有太极拳的平时练习也并非仅仅是套路练习，如练功、推手、散手等也是太极拳平时练习的内容，这些练习都是有快动作的，对于杨澄甫先生在《太极拳使用法、单人用功法》中所介绍的溯枪和刷枪练习，则应只能是快练的。当然太极拳的入门和提高、各种功夫的培养必须以慢为主，但不能因此认为快不是太极拳的本质属性和一种练习方法。”

兹以愚见拙述如下：

此君谓：“现代有人片面过分强调太极拳的缓慢，还有把拳经中‘运若抽丝处处明’‘运劲如抽丝’理解为动作只能缓慢匀速，还有说太极拳能‘以慢制快’的，又有认为太极拳是练时慢应用时快的，这些认识对照拳经的阐述可知都是错误的。”

综观太极拳经典，如愚于上所述，太极拳练习之涵义，乃以慢匀为主，并无一处指明练太极拳须快疾。反观拳论云：“斯技旁门甚多，虽势有区别，概不外乎壮欺弱，慢让快耳。有力打无力，手慢让手快，是皆先天自然之能，非关学力而有为也。察四两拨千斤之句，显非力胜；观耄耋能御众之形，快何能焉！”故知，拳论主张，有力、手快，皆先天自然之能，非关学力而有为也。而且，太极拳“以慢制快”及“练时慢应用时快”的理论，并无不妥。练时慢，是练气，沉藏内敛为劲，是练体，是练内功。练体成就，通过用的练习，在用时，自然可慢可快，随心所欲，此谓体用兼备。如果功体尚未成就，亦即慢的功夫尚未成就，就急着去练或兼着去练那些溯枪和刷枪等快速的功法，将会徒劳无功，而且练成拙力。

太极拳功夫成就时，是可以“以慢制快”及“练时慢应用时快”的，因为真正太极拳成就者，是可以后发先到的，“后发”就是“慢”人半拍，虽“慢”人半拍，却可以“先到”，这才是太极拳。

又此君以蜘蛛之抽丝可缓可疾，而驳拳论之运劲如抽丝之纯慢，并谓“对照拳经的阐述可知都是错误的”。不知此君是以拳经之何语何句而谓对照拳经的阐述可知都是错误的。拳论所谓“运劲如抽丝”，此丝非彼丝，拳论所谓的抽丝，系指蚕丝的丝，非蜘蛛之丝，何故？

成语谓“抽丝剥茧”，蚕吐丝成茧，经烧煮，使之松软，而抽之织布制衣；蚕丝细，故抽时宜缓宜慢，犹如行拳之运用蓄劲，小心翼翼。况且蜘蛛之丝，是以嘴“吐”之，非“抽”之，它是可快可慢的。抽丝之丝，是以手抽之，必得异常小心，非常缓慢，才不致抽断；若以蜘蛛之吐丝喻为“运劲如抽丝”之丝，则可谓“差之毫厘，谬以千里，不可不详辨焉！”

是故，太极拳之练习次第，应先慢练，应先练体，功体成就后再练用，练用时，则可快可慢，在功体成就后再练发劲用法，以及可练一些“溯枪和刷枪等快速的功法”，否则，便成舍近求远，舍本逐末。

此君又谓：“拳经所说的‘抽丝’是对太极拳由下而上劲力传递的一种比喻，并无只能慢不能快的意思。”愚看不出经论里有“抽丝”是对太极拳由下而上劲力传递的一种比喻，只有一句“如意要向上，即寓下意，若将物掀起，而加以挫之意，斯其根自断，乃坏之速而无疑。”而此句之意乃系指发劲之“用”而言，非指练“体”。

此君所谓“‘抽丝’是对太极拳由下而上劲力传递的一种比喻”，“由下而上劲力之传递”，亦系为发劲之“用”法，而运劲如‘抽丝’是指练“体”，非“用”。

笔者看到很多习练太极拳者，初练时即有发劲拳架之练习，因为本身之内劲尚未练就，其发劲之状，变成极不自然之硬劲，练了很多年，在实际应用发劲时仍是空劲拙力，永远无法成就太极拳真正的内在暗劲功夫。所以，欲练兼有发劲之太极拳架，须先将本身之功体练好，俟内劲练就，欲练发劲或其他快速之兵器及用法，即可水到渠成，事半功倍。

据传太极拳宗师杨露蝉有一则公案。有人问宗师教京城那些王子哥儿们太极拳，都是慢吞吞、软绵绵的，可以练就功夫吗？有人认为杨宗师是汉人，教京城那些王子哥儿们当然是有所保留的，事实如何？至今成为无头悬案。

愚以为，杨宗师并无所谓的“有所保留”。太极拳之体用，本来先练体后练用，练体当然得慢匀松绵，内暗劲始能成就。京城那些王子哥儿们之所以无法练就太极功夫者，除了那些没有老实认真练拳及不具悟力者外，我想一定还有功夫成就者。

某名师自创太极快拳，以为是种创见发明，事实上只是画蛇添足、头上安头之举。蛇本无足，强画上足，头本来也只一个，再安上一个头，谓之多此一举。

学练太极拳首求正知见，有正确的观念、正确的方法，才不致走岔路，离太极拳的本质愈行愈远，否则习练多年没得到真功夫，而误认太极拳不能用。还有练太极拳要老实认真，在认真老实练拳中去求悟，而不是将太极拳当作学术去研究，成天谈论阴阳虚实、刚柔五行八卦，让学者看了一头雾水，越看越杂、越乱、越繁，无济于功夫之修炼。

第145章　势

势，包含身势、形势、招势；势，也涵盖着力势、气势。

身势，是身体在行动中的一种姿势、态样。譬如打球，是一种流动的态势，打拳也是。身势，也有静态的样貌，譬如摆好一个固定的姿势。

形势，是那个态势、行为、动能，已经在集结当中或已经将要成形，或已经定形。

招势，指拳架中各式各样招法的名称，譬如，野马分鬃、玉女穿梭等。

打拳，融汇了身势、形势、招势、力势与气势。分述如下：

一、身势

身势包含步法、身法、手法等，从头到脚，都是一“身”的“势”力范围。身势兼摄了太极法要中的虚灵顶劲、含胸拔背、沉肩坠肘、落胯等，这些都是老生常谈，不再赘述。

身势中常被忽略的是“束身”“下腰”。

1. 束身

是把身形束结起来，紧缩起来，把气凝聚起来，使外表的肌肤、骨架结扎成一束，如似将一捆散乱的竹筷绑扎成一束，这样团结在一起的竹筷，力量才能凝聚，无法断折。束身还涵盖着气的束结、团聚，打拳如若气不聚集，身形便会散乱，打起拳来就会松松垮垮的、稀稀落落的，飘忽而零散。形意前辈常说的“裹劲”就是“束身”的写照，裹，是包裹，把劲包扎起来，含蓄集结起来，这样才是真正的“身不散乱”。身的散乱，非只局限于“不得机得势”而已，还涵盖着气机的不凝、不聚、不束、不结。所以，不得机，表示没有得到机会，也就是说有时间差，在时间上慢人半拍，在时机上怠堕了半截；不得势，就是没有得到身势、形势、力势与气势上的优越地位，所谓“败势”是也。

2. 下腰

涵盖了落胯、屈膝与折踝。松腰落胯是老生常谈，腰松了、胯落了，气才能沉于丹田；屈膝但不能塌膝，塌膝则无力，膝的微屈当中，要有气的挹注，才能保持弹力，减低膝盖软骨的磨损。踝骨要坐折，也是保持弹力，这样在发劲时才能有折迭的弹性，才能借地之力，才能力由地起，才能其根在脚。

步法：是一身的枢纽，步法不沉稳轻灵，则身法、手法都会受到影响。步法的沉稳轻灵，在于桩功的成就，桩功没有成就，步法就谈不上了。

身法：腰是身之主宰，气是腰的灵动，腰动而气不动，是呆动，是局部动，不是完整的动。所以，要内外互合，上下相随，要绵密贯串而无间断。

手法：太极是不用手的，用手则非太极。太极的手是被腰腿所牵动的，不是主动，是由脚而腿而腰，然后才形于手的，对于整只手臂而言，是肩催肘，肘催手的。话虽如此，但不可忘记“尤须贯串”“总须完整一气”“不可有丝毫间断”。

手，包括着指、掌、腕三部分。手指宜自然分开，掌要呈荷叶状，掌心含裹，气贯劳宫，手指要有掤劲，不能萎靡，腕要坐，坐才有根。

二、形势

太极的形，包含慢匀、轻灵与沉敛、贯串等。

1. 慢匀

慢匀是太极的主要形势，慢才能行气运身。所以，太极以慢练为主，讲求松柔，不用蛮力，快则发喘，面红耳赤，节奏变调。有些人喜欢标新立异，头上安头，自创所谓的快太极，使太极拳变味成混乱现象。

太极拳以慢练为宜，以心行气要慢，以气运身要慢，气要慢、要长、要深、要细、要匀，如拉弓，如抽丝，绵绵深细，均匀而不乱，这样练功行深时，内劲则日渐凝聚内敛。

2. 轻灵与沉敛

轻灵就是轻松与灵活。轻灵的前提，就是周身的协调、内外的一致、上下的相随。

轻灵，不是轻忽、摇摆不定。轻灵，要能够中定、平衡。轻灵之中，还须沉敛，根盘要入地；若是脚跟无桩，虽然轻快，但总是虚浮而没有实质内涵。

体内的气尤须灵活变换，一吐一吞，一起一落，都有其规矩，有其节奏，有其频率。“轻灵”之轻，是松而不懈，全身不着一丝拙力，外松而内沉，外柔而内刚，外如绵，内似钢。“轻灵”不能离开“沉敛”；“轻灵”与“沉敛”是一体两面，若是缺一，即不完整。沉劲须是通过“以心行气，务令沉着”的修炼过程，长久积聚，气乃能内敛入骨，汇集成极坚刚的内劲，有了这真实质量的元素，劲才能沉坠如千斤鼎。

太极拳是体用兼备的，除了拳架的松柔顺畅自然之外，在应用方面是讲求应变能力的，是要善于变化虚实的，而应变能力系来自神经系统及平常行为的惯性作用，所以就得依靠轻松灵敏的变化机制，轻灵可以减少对手来势阻力的压迫，及能量损耗的降低。“沉敛”则使气沉敛于骨，使气沉淀于脚底涌泉，入地生根，才能打桩，借地反弹之折迭势力而发劲。

3. 贯串

贯串，是一节一节地贯穿串连、结合在一起。好像一颗一颗的珠子，把它贯穿成一串珠链，由散粒结成一个完整的个体。

具足“贯串”才能达于“完整”。外形一节一节绵密结合，一动全身皆动；内意、气劲亦须绵密结合，不可有断续、凸凹及缺陷。

内意外形必须结合为一体，不可分离、切割。所以，外形肢体架势必须有内气的挹注灌输，才能内外贯串。

在用法言，贯串就是完整一气，亦即整劲之意。在内里方面，泛指意不断，气不断，劲不断。意不断，指意念要集中，没有妄想存在；气不断，指气的饱和汇聚，不散乱；劲不断，是内劲的绵密不丢与蓄积，待势而发。

如是内外完整，上下前后完整，意、气、劲同时完整，始得谓整劲，或谓完整一气，谓之“贯串”。

太极之形架与内意，在举动之中，除了全身上下、内外都要轻灵之外，最重要的地方，在于“贯串”，在于“完整”，它强调贯串及完整的重要性，所以拳经用了“尤须”两个字，是加强语气，提醒后辈学人，要须特别重视太极体用中的“贯串”“完整”。

三、招势

招势，是一种招法的势力结构。太极拳的招势名称很多，有取自动物形象，如白鹤亮翅、金鸡独立等，有引喻取名，如上步七星、手挥琵琶等。各招势的贯串连接，就是拳术的结构套路。

武术的初练，要先练个别的招法，各式的架构势力，娴熟它的用法、打法，起落、始终、转折都有规格、规矩，熟稔以后才能生巧，才能变化势法，由有招变无招，随心所欲，神变莫测，人不知我，我独知人。

在实际实战当中是千变万化的，也没有固定的招势，在诡谲的战斗中，是虚虚实实的。在搏斗中，兵不厌诈，这是兵法，拳法就是兵法。

“拳打不知”，一拳出去，有虚有实，在实战当中无法预设立场，无法拟定预备招势。

武术的神奇，在于自然反应。一个听劲好的人，全身都有反应机制，你碰触他哪里，他哪里就会做出自然的反应，都是不经过思考的，都是没有默认目标立场的。

打人不是全靠手，身体每个部位都可以打人，你碰触到他哪里，他哪里就会做出反射的回打，所以，打人已经不是用手了。那么，预设一个招来对付那个招，有用吗？所以，当可理解“见招拆招”是荒谬的说法。但是，于初学者而言，招势的正确是必须的，要规规矩矩地把招势打下基础，基础奠定了，往后运用时，才能无招胜有招。

四、力势

使力的前奏，先得有一个“势”，亦即借势而使力，若无这个“势”，力量使出来将是事倍功半，而且那个力将是孤单的，将是笨拙呆滞的。行功心解里讲“牵动往来”“往复折迭”，都是在借一个“势”，有了这个“势”，在使力运劲时，就能事半功倍，顺水推舟，达到借势使力的省力原则。

太极拳是不用力的，所以要借一个“势”来完成那个“力道”，正确地讲，是借势而完成一个“劲道”。

这个“势”要从哪里借起，拳谚云：“力由地起”。太极拳经云：“其根在脚。”这是说，要借的那个“势力”须从脚底而起，由脚借地之力。那么，要如何借地之力呢？如果缺少那个“势”，力是无缘而借的，这个被借助的缘，就是丹田之气，借着丹田气的鼓荡，将气运达脚底，产生一道折迭的反弹劲道。这里还牵涉到桩法及打桩的应用，如果桩功没有成就，如果不会打桩，而只靠着微劣的“身势”去上下起伏蹲曲，这样，这个“势”借起来是不完整的，因为只有“外势”没有“内势”，没有“内外相合”，形成一种“缺陷”。

《孙子兵法》兵势篇第五云：“激水之疾，至于漂石者，势也；鸷鸟之疾，至于毁折者，节也。是故善战者，其势险，其节短。势如张弩，节如机发。”

《孙子兵法》说，湍急的流水迅速地奔泻而下，能够把石头漂移冲走，这是借助于猛烈而有冲击力的水势所使然；凶猛的鸷鸟在高空疾速俯冲而下的力道，能捕捉其他的鸟兽使其骨折身毁，这是由于它能掌握最佳的攻击机势与节奏。因此，善于作战的将帅，他所造成的态势是险峻而不可挡的；他所掌握的行动节奏短促猛烈。这种险峻的态势，就像拉开张满的弓弩，这种节奏就像一触即发的弩机。

《孙子兵法》又云：“故善战者，求之于势……任势者，其战人也，如转木石。木石之性，安则静，危则动……故善战人之势，如转于千仞之山者，势也。”

《孙子兵法》说，善于作战的人，他是求之于“势”的，把作战方针全放在“态势、机势”上。善用态势、机势的人，他的作战策略，就像运转滚动的木石一样。木石的特性，把它们放在平坦的地方是静止不动的，把它们放在地势险陡的地方就会滚动。所以，善战者所造成的有利态势，能像转动圆石从千尺高的山上滚动而下，势不可挡，这就是军事上、兵法上所谓的“势”之要领。

从《孙子兵法》中，可以体会势与力的相互关系与相辅相成之作用。太极拳，从拳架方面而言，这个“架”是务须借“势”的，如果没有“势”作前锋，那个架就显得吃力而有滞碍，周身即不得轻灵。从推手或散打的方面而言，没有“势”为导，就是蛮力，就是死缠滥打，只是斗力而已。

借势有借对方的势，也就是说对方有一个势力来，我依其来势，借其力而使力，也就是“借力打力”，这个“借力”是涵盖着“势”的。“势”，是说对方有一股来去的迹象力势，是他的形势已经在集结当中或已经成形，有一股势力之彰显，为我所预知，我即像运转滚动的木石一样，将对方已成之势力来赞助我身的势力，将两股势力整合，合而为一，这个势就像转动圆石从千仞之山滚动而下，使这个“势”无法可挡。太极的发劲，就是如此这般。

如果敌不动，我将如何借势？只有用“引”，引动他。这个“引”，功夫是极深的，否则引不动对方，引不动则无势可借，变成蛮打硬取。

“引”，要练出“沉劲”，丹田气够沉，脚底的桩功够沉，手的掤劲够沉，你的手轻轻搭在对方身上，就能撼动他的根盘，他就会动、会抗、会顶，会做出一个反应动作出来，也就是会做出有动、有抗、有顶的“势”，这个“势”是由我把他引出来、逼出来的。对方有这个“势”被引起诱发出来，要借力将其打出，就变成轻而易举了。

《太极十三势》歌云：“势势存心揆用意，得来全不费功夫。”这个“势势”涵盖着拳架的招势，还有推、散手中的力势，你势势都能存心用意，你对拳架中“体”的势法及推、散手中的势法，都能用心地忖度、寻伺、衡量，能掌握这个“势”的契机，即能所向无敌，得来全不费功夫。

五、气势

气势，是展现于外的气质态势，是一种外在精神的显露。

武术家的气势，外现松柔，飘逸而豪迈，炯然而内敛，正气凛然；内示安静无虑，自信而不骄慢，虚心而不妄自菲薄。

气势要有胆识作依归，有了胆识，呈现于外的，就是一股浩然正气，不怒而威，温文而儒雅。

胆识是功夫已经成就了，打法实战已经娴熟了，能够遇事而不惊，逢众而无惧，处变而能镇定如常。

胆识，是具备了内在的实力，内心不忧不惧，临危不乱，在恶劣环境中，能从容自在，安然应付一切逆境与危机，是一种内在气质的展现。

习练武术，须心存正念，才能培养出刚毅的气势；也只有下功夫，用心练拳，才能锻炼出无畏的胆识。

第 146 章　奇正相生

太极拳里面常常说到阴阳、虚实，说“阴阳相济”“虚实分清”，形意前辈则说“奇正相生”。那么，奇正与阴阳、虚实是否意义相同？或者另有特别的涵意？

话说太极原本是半阴半阳，阴极而阳生，阳极而阴生，虽然各分为半，却能相生相济。再说虚实，虽说要分得清清楚楚，而虚实的实质意义在于灵活的变化，如果在实战应用时，还有分清虚实的观念存在，恐怕还在想象思考虚实要如何分清之际，已被打趴下了。

在实战中，是虚虚实实的，是假假真真的，让对方摸不着头绪，分不清楚真假，让对方如坠五里雾中，所谓“拳打不知”，要打到对方的盲点，这样才是高招。若自己的虚实分得很清楚，被对手一眼瞧破，分明就是挨打的架子。拳经说：“虚实宜分清楚”，是就打拳架而言的，拳经这里用了“宜”字，没有强调“应该”或“务须”等词句，所以，这个“宜”字是适合、适宜之意，是指在打架子之中，双脚或双手不能全实，不能有“双重”，所以打拳架是虚实宜分清楚，不宜“双重”。但是，在推手或散打实战中，这虚实是没有办法去分清楚的，而是要虚实善于变化，所以，拳经后面还有“一处有一处虚实，处处总此一虚实”，它告诉我们，在实际实战时，每一处都有每一处的虚实变化，而且是处处都有这个虚实变化的，而不是教你冥顽固执地死守着虚实分清，拘泥于死胡同之中，跳脱不出，成为挨打的败势局面。

形意的“奇正”之说，似出自《孙子兵法》兵势篇第五。引述如下：

孙子曰：“三军之众，可使必受敌而无败者，奇正是也；兵之所加，如以碫投卵者，虚实是也。”

翻译成白话为：孙子说，众多的三军将士，即使已遭受敌人四面包围而不会溃败的原因，在于“奇正”战术的运用；对施加于敌人的攻击，能如同以石击卵般的威力，在于“虚实”策略的运用。

“凡战者，以正合，以奇胜。故善出奇者，无穷如天地，不竭如江河。终而复始，日月是也。死而复生，四时是也。”

翻译成白话为：举凡作战，要以正法而合谋，以出奇而制胜。所以，善于出奇制胜的将帅，其战术犹如天地变化而无穷无尽，如同江河之水奔流永无竭止。周而复始，就像日月的运行；死而复生，仿佛春夏秋冬四季的变化。

“战势不过奇正，奇正之变，不可胜穷之也。如环之无端，孰能穷之哉！”

翻译成白话为：战争的机势不过奇正两种，而奇正的变化，是无止尽的，是无法穷究的，好像圆环一般看不到端尾，怎么能有穷尽的时候。

在兵法中，“奇”，是一种特殊的战法，是一种机动、变幻莫测、出其不意的心理战。就作战方式而言，正面攻击为正，包抄、偷袭、侧翼攻击为奇；以实力歼敌为正，以诱敌欺骗使诈取胜为奇。兵法云：“兵不厌诈”是也，在假假真真中，在虚虚实实中，挖一个坑等你跳进去，这就是奇。

在武术的习练当中，以正规实练为要，不能投机取巧。武术的修炼是不能取巧的，你得老老实实地练，别梦想一步登天，内家拳没有速成班，你得一天一天去累积功体，这是拳术中的“正”法。等那么一天，你的功体成就了，内劲成就了，桩功成就了，挪劲成就了，你就要开始去探究实战的用法。

在实战中，你不能失去这些“正”法的，“正”法包含桩功的沉稳、步法身法的轻灵、打桩发劲的运用、气的凝聚吞吐鼓荡折迭等，然后，在“正”法中去寻求变化，在“正”中求“奇”。

练时宜求“正”，中规中矩，不可以自己之主观意识思维而练拳，所有的拳法、拳势，所有的理论，不能跳脱拳经、拳论、行功心解的范畴，不能标新立异，以为自己聪明，而偏离了拳理。在实战运用时，拳的所有内涵不能失去，但技法的战略运用不能一成不变，也没有所谓的“见招拆招”，在诡谲的战斗中，是尔虞我诈的，是请君入瓮的，是挖一个坑等你去跳的，是放空营让你闯入的，这是实战中的“奇”法。

拳法就是兵法，拳法无定法，这是就实际战斗而言的。在拳架套路中，拳法是有定法的，不能跳脱正规的定法而寻求奇异。譬如说，基础的桩功、手的挪提、丹田气的积敛，还有架势中的束身、下腰、撑裆、挣马等，都要练得稳当扎实，如果基础的正法没有成就，无有是处，到老还是一场空。

正法，就如军队的训练，体格耐力的养成，纪律的守护等；军队严整了，出去作战则无定法。无定法，是指用法，就是兵法的运用，包含天候、地形、虚实的变化，心理战术的应用等。

在拳术的技击运用中，虚实的拿捏，已经不是见招拆招了，在一搭手的短兵相接中，靠的是灵敏的听劲反应，是全凭感觉的，眼睛的观察查看已经沦为配角，眼睛只需用余光去照探，不是用主光去看对方的手或对方的肩，是用余光去寻伺、感应对方的来势、迹势，然后去粘连黏随，有了粘黏，就有神经的反应机制产生，听劲好，自然会作出适当的反应，要走化还是接劲，还是化带打，全是存乎一心了。虚实的变化也是从中而求得的，用眼睛是察觉不到对方的虚实的。

形意前辈常说，打拳要有奇有正，奇中有正，正中有奇，奇正相生，如环无端。那么，以五行拳的“劈拳”来说，一拔一钻一劈，何者为正？何者为奇？何者为实？何者为虚？我想可能很少有人能说出“所以然”来。

这个问题就让读者自己去思索，自己悟出来的东西才是真实，听来的只是一种知识，在此就卖个关子，入门引路须口授，功夫无息法自修。

第 147 章　形意劈拳

劈拳，为形意拳五形之母，劈拳若成就了，余皆为末事尔。

劈拳的动作，细分为三，即拔、蹿、劈。在打拳架时，“拔蹿”为一个节拍，也就是连结成一个动作，“劈”为另一个节拍，成为另一个动作。“拔蹿”为“起”，“劈”为“落”，要起如箭落如风；“拔蹿”为“曲”，“劈”为“伸”，要随曲就伸；“拔蹿”为“奇”，“劈”为“正”，要奇正相生；“拔蹿”为“蓄劲”，“劈”为“放劲”，要蓄放完整一气；“拔蹿”为“吞”，“劈”为“吐”，要吞吐自如。

奇正之说，并无定法，因为拳法本无定法。若在打暗劲时，因为动作放得极慢，呼吸吞吐极为细长而深沉，所以，在“拔”的时候为“奇”、为“曲”、为“起”、为“蓄”、为“吞”，在“蹿”的时候为“正”、为“伸”、为“落”、为“放”、为“吐”。

在这中间有一个“过门”，有一个转折的小呼吸、小吞吐来连续下一个动作的“劈”。所以，这个“过门”、这个小呼吸小吞吐涵盖着的丹田内转，是归属于“奇、曲、蓄、起、吞”的范畴，再接续下去的“劈”，也是归属于“正、伸、放、落、吐”。运用之妙，存乎一心，奇正相生之理，亦复如是。劈拳，可以拆解单练。

一、拔

1. 撤步下拔

三体式，左脚在前，右脚在后，两脚保持同肩宽。左脚后撑撤步（右脚先退，左脚跟随撤回），同时，两掌呈鹰爪状，往下拔至腰际。同一式做一百次后换脚，左右各一百次。

2. 进步下拔

撤步下拔动作熟稔后，可练进步的下拔，利用蹬步前进来做下拔的动作。

3. 交替下拔

这是一种步法的练习，也就是左右脚各一次的交替换步。在撤步、进步熟稔之后，可练前进后退、左右步法的交替练习。

下拔，含有太极“采”的味道，下拔时要像采水果一般，要有“顿、挫”之势，瞬间到位；手指要有鹰爪的抓力，似松非松，似紧非紧，柔中有刚，刚中寓柔，刚柔并蓄。要把Q劲练出来，如果太硬，手力太拙，虽然使了很大的蛮力，看起来就是笨笨呆呆的，没有那个“势面”，会呈现有力使不出的窘境。

拔，是一种巧劲，力由地起，你要会打桩，才能拔出东西来；这个桩打下去，是有弹力的，身势会有反弹作用，所以，拔到得势了，手到腰际时会反弹而上，去接续“蹪”的动作。

二、蹿

1. 进步上蹿

三体式，左脚在前，右脚在后，两脚保持同肩宽。屈膝落胯，束身裹劲，气聚丹田。在身子往下落沉之同时，两手随身体下坠之势会自然有下拔的动作产生，后脚打下暗桩往前蹬步，由于下坐打桩的后坐力之反弹，两手随身势往前冲的同时，以明劲向前向上蹿打而出，左手在前，右手置于左肘下，两手皆要往外拧转，将筋拉开，令气充满整只手臂。

2. 退步下蹿

进步上蹿动作娴熟之后，可做退步下蹿的练习，利用前脚往后撑的暗劲使身势往下，在这同时两手会有迅速下拔的动作产生，紧接着后脚撤步打下暗桩，在打桩回弹时两手向前蹿出。

3. 交替上蹿

这也是一种步法的练习，左右脚各一次的交替换步。在进步、退步上蹿熟稔之后，可练前进后退、左右步法的交替练习。

蹿，要有拧转之劲，如钻子之钻物。蹿，要随曲就伸，伸要似直非直，要含裹着劲，要曲蓄而有余。蹿，在到位时会有回弹力道，是一种弹簧劲，如果使用蛮力，不会有这个效果，如果桩功没有成就，也不会有这个效果。上蹿之时，要拧腰，撑裆，下腰，两脚有二争力，腿腰形成一个二争力，腰身手形成一个二争力。

三、劈

1. 进步上劈

左手钻拳蹿出，右拳置于左肘下，左脚实，右脚尖虚置于左脚掌内侧中间，左脚以暗劲打桩向前蹬出，右脚跟步，同时右拳蹿出即变掌向前、向下劈，左拳抽回向下采置于左腰前。动作反复不断，右手劈完练左手劈，各一百次。

2. 退步上劈

左手钻拳蹿出，右拳置于左肘下，右脚实，左脚尖虚置于右脚掌内侧中间，右脚以暗劲打桩向后撑，左脚先退右脚随退，同时右拳蹿出即变掌向前、向下劈，左拳抽回向下采置于左腰前。动作反复不断，右手劈完练左手劈，各一百次。

3. 交替上劈

这也是一种步法的练习，左右脚各一次的交替换步。在进步、退步上劈熟稔之后，可练前进后退、左右步法的交替练习。

劈，顾名思义，好像劈柴，由上往下劈，在拳往上钻的同时往下劈，势要顺，要一气呵成，不可间断。劈拳有变化掌，譬如扑面掌，以掌面直扑对手之面。还有侧劈，须先练就苍龙抖甲的抖劲，才能打好侧劈，因为，侧劈须靠腰的弹抖才能把劲道打出来。

4. 连环劈

三体式，右脚在前，左脚在后，右掌在上，左掌置于左胯前。右掌下劈，左掌连着下劈，右掌向上、向前劈，这是右顺步，练完一百次换左顺步。

劈拳，为形意拳五形之母，劈拳如果练就了，其余四形就能顺利地掌握到拳意。

劈拳要练到明劲快捷而有劲道，起码要练半年的时间，而且要认真地练，每天至少要练两个小时，方能有成。若耐不住性子，想要半年把五形练完，甚至想一下子把十二形练完，对真正的功体是无所帮助的，练得多却没有练出东西，只是浪费时间与精神而已。

形意拳招式简单易学，但深处之中还有更深处，难以探到底处，谁能有恒心，有耐性，坚持到底，练形意拳才会有成就。而千百人之中，能成就者只一二人而已，因为能持续不懈者甚少，甚少。

第148章　真人之息以踵

踵，脚跟也。

“真人之息以踵”，如果依文解义，解释为真人以脚跟呼吸，这样对吗？

大家都知道，呼吸是用鼻腔；脚跟是不能呼吸的。那么，“真人之息以踵”又当如何解释呢？

“真人之息以踵”，这句话出自《庄子》大宗师篇：“古之真人，不逆寡，不雄成。”“古之真人，其寝不梦，其觉无忧；其食不甘，其息深深。真人之息以踵，众人之息以喉。”

何谓“真人”？庄子说，古时候的真人，不会做欺凌弱寡的违逆事情，不会恃才傲物，恃功傲人。古时候的真人，睡觉的时候不会做恶梦，醒着的时候没有忧虑牵挂；吃东西不求甘美；呼吸时气息深沉。真人的呼吸深沉可通达于脚跟，而一般凡夫大众的呼吸只是在喉咙之间。

庄子说：“不忘其所始，不求其所终；受而喜之，忘而复之，是之谓不以心捐道，不以人助天。是之谓真人。”

庄子说，不要忘了原先开始的，也就是不忘本的意思；不追求最后的结果。一切顺逆境都欢喜地承受，遗忘了的要把它捡拾回来。不刻意用心去求道，不用任何方法去求得帮助。这样子的修行者叫作真人。

庄子所谓的真人，是指超凡入圣的人。古人认为要超凡入圣，要得道成仙，除了具备上述“真人”的人格，兼要从炼气修丹着手。

一般人呼吸都是在喉咙和肺部之间，练气功及练武术的人会把气运到丹田。要把气运到脚底涌泉，普通人做不到。

真人之息以踵，是气遍周身之意。气如能通达脚底，就一定能遍布全身。

踵，有跟随、相继之意，例如“踵其后”。呼吸虽然要相继相随，绵绵不断，但在这里与庄子所说的“真人之息以踵，众人之息以喉”所表达的意思是不通的。因为，庄子说：“真人之息以踵，众人之息以喉。”一是以“踵”，一是以“喉”，是以“踵”与“喉”来区别“真人”与“众人”的呼吸是有很大的相异之处的。所以，这里庄子所说的“真人之息以踵”的踵字，是指脚底涌泉而无疑的，而不是跟随、相继之意。但是如果依字义来解释，以脚跟来呼吸、运息，似乎是普通人所不能理解的。所以读经看论是不能依文解义的。

庄子所说真人之息以踵，为气息深沉之意。

道教以踵息为先天气的运行，其息可直达脚跟。

事实上，人的毛细孔也能呼吸，所以，呼吸以踵，应该是可能的，只是普通人、没有练气的人，是无法做到的，也是无法理解的。

庄子主张的踵息，被后来道家的练气士视为层次较高的修炼法，不在我们讨论的范围。然而，气达脚底，气遍周身，行气如九曲珠，却是我们学练太极拳或内家拳所必须达到的水平。

练习桩法，目的在于气沉脚跟，巩固下盘。气若不能下达脚底涌泉，那么在发劲时，就不能打桩，也不能藉由打桩借地之力所产生的反座力，产生折迭劲。那么，这个劲，打出去就不会脆，不会扎实，不会磅礴。

以内家拳武术的立场而言，这个“息”，可以解释为“气息”“气机”，这个“息”并不是把空气吸来呼去；这个“息”是鼻子所吸进来的后天之气，运达于体内后它的运为所产生的作用。普通人呼吸在喉肺之间，气息短浅，它所供给的气机养分短浅而寡少，对身体的生理机能效用较微。

透过气功的练气方式，或太极内家拳的丹田逆式运气法，可使气落沉于丹田，下达涌泉，而气遍周身，这样的呼吸吐纳运行，可使体内气机旺盛充沛，达到健康长寿的效果。所以，“真人之息以踵，众人之息以喉”，是说真人的气息可以到达脚跟，凡众之气息只达于喉间，是一种奄奄之息。

形意的气息是达于踵的，所以才能蹬步有劲，才能追风赶月，才能硬打硬进。

八卦的气息是达于踵的，所以才能摆扣灵敏，才能如游龙腾天、采蝶穿梭。

太极的气息是达于踵的，所以才能迈步如猫行，才能形如搏兔之鹘，才能其根在脚。

唯有气息达于踵，才有下盘二争力的产生，唯有下盘的二争力，才有中盘腰胯拧裹劲的产生，唯有中盘腰胯的拧裹，才有上盘肩肘手的掤劲产生，如是三盘贯串，这三盘之气的落沉，谓之“三盘落地”，三盘连成一气，三盘涵盖全身之气、之劲，谓之“完整一气”，谓之“整劲”。

“真人之息以踵”，这个“以”字如果解成“于”字，在我们凡夫立场而言是比较贴切的，也就是能将气息运达“于”踵，气机遍及脚底涌泉，这样作解，于凡夫境界是较为相近合适的。

我们还没有达到“真人”的境界，无法以踵呼吸，如果能将太极拳或内家拳之气劲下达脚跟涌泉，而至气遍周身，成就内劲，已属不易。

若是能通过修行，达于“淡定”阶层，醒着的时候没有挂虑忧愁，睡着的时候不会恶梦连连，功夫成就时，或许我们也能达于“真人”的境地，也能息之于踵。

据说，修行到“入定”境界，是息脉俱断，没有呼吸，没有脉动，没有心跳。在真定的时候，因为内心无欲无求，无挂无碍，这样体内能量的消耗是极微的，所以没有呼吸照样能够存活着，没有进食也不会饿死，这是庄子所说的“真人”境界。所以，到达这个“真人”的境界，鼻腔不呼吸，而身体自会呼吸，毛细孔会自然呼吸，这样来推论，“真人之息以踵”也就成理，不是困难之事。

第149章　三盘落地

三盘落地，这个名词在武术的招式中会见到，在《易筋经》中也有三盘落地这个势法。气功中的三盘落地，是两腿呈马步低蹲，两掌分开，掌心向下。易筋经则是两腿分跪，腿内侧及臀部着地，两手下按。在武术里的三盘落地，是屈膝落胯，两掌指尖相对左右分开，手掌下按。

但是，为什么会把它取名为“三盘落地”？三盘到底指哪三样东西，似乎是较少人知，也很少人把它论述清楚。

以武术的立场而言，三盘是指上、中、下三个盘面，上盘是手臂，中盘是腰胯，下盘是脚跟。三盘落地并不是指这三个盘都要落触到地面去，不是手、腰、脚都要接触到地面才叫三盘落地。如果依字面的意思去作解，就会有千里的落差。

所谓“三盘”，是把全身概分为上、中、下三个大部位，不去作其他的细分，以上、中、下三盘来涵盖全身。所谓“落地”，是指“气”的落沉，三盘的气要落沉到似乎与地面相接相连。三盘之气的落沉，三盘之气的相接相连，谓之“完整一气”，谓之“整劲”。

手臂的掤提，用意不用力，似有意又似无意，似松非松，在真松中可以感觉到气的落沉。这个沉，有重量，有质量。这个沉，是气的内敛，是气的长久聚集所形成的不可思议的量能，内家武术把它称为“内劲”。

松腰松胯，是丹田气的落沉。《太极十三势歌》云："腹内松净气腾然"，这个"腹内"是直指"丹田"的，也是广指腰胯的松净，腰胯松净了，腹内才能达到松净，腹内松净了，气才能腾然起来，然后才能凝聚汇集而敛入于骨，气敛入于骨，骨才会有千斤的沉坠。

脚跟是一个桩基，也是一切武术的基础，是万丈高楼的基础，缺了这个基础，就是海市蜃楼。桩功，不是在练脚力，不是练冤枉的脚酸，而是在练气的落沉，气要入桩，桩要入地，要入地生根。

武术的格斗，不外是防守与攻击。防守除了走化之外，就是"接劲"，以身体去承接对手的攻击。那么，要如何去承接对手的强势力道，不是另类地去练就硬式的抗打的铜墙铁壁，不是去练那些王宗岳老前辈所谓的"斯技旁门"呢？

这个"接劲"，涵盖了三盘之气的落沉，也唯有三盘之气的落沉，才有办法去承接对手的强势力道。这第一道防线，是手的掤劲，这个掤劲是载浮载沉的，它有膨胀的浮力，也有承载力，在沉肩坠肘中，在肩肘中形成第一个基座。第二道防线，是丹田之气的运为，而不纯是腰胯的动转，丹田气的落沉使它在中盘的腰胯间形成一个基座。最后一道防线，是下盘脚跟的桩基，它要承受上、中盘所接获的外力突击，并且在接劲之后，借着暗桩的反射折迭劲回打，从而完成一个化打合一的高阶技法。

在攻击方面，要发劲打人，不只是上盘的手臂在那边局部地伸屈晃动，而是要三盘无限紧密地配合连动。上盘的手的出拳，需要中盘丹田气的引发鼓动，以及下盘脚跟的打桩入地，而这下盘的桩要打得入地，先决条件是气要入桩，也唯有气入了桩，这个桩打下去，才能入到地底，也唯有桩能入地，手的发劲才能产生作用。但回过来说，这个气要入到下盘的桩，是需要中盘丹田气的沉落鼓荡运作，如果没有丹田气的运为，下盘的桩是不会，也不能发生作用的。

所以，不论是防守的接劲还是攻击的发劲，都需要三盘的相接相连，而且是要完整一气的，除了三盘的连接贯串，最重要的是三盘之气的落沉，这是三盘落地的重要内涵。

三盘各有根节与梢节。各盘的根节，是根根相连、节节一气互接贯串的，若有一节离析跳脱，则形成断劲现象，这个劲谓之不完整，这个劲打出去，就不会磅礴，不会脆利。

下盘包含膝、踝、脚底。脚底是根节，气的落沉要落到这个地方，打桩也是靠脚跟脚掌在打的，所以在打桩发劲之时，丹田之气是要通过鼓荡作用而运达于脚底的，若是只有脚用力地打地，而丹田之气却没有同时挹注下去，丹田之气若没有同时入桩入地，这不能叫作打桩，只是在打一个空包弹，不能起到发劲的作用。

中盘包含胯、腰、脊。腰胯是个枢纽，是一个转关，而这个枢纽、这个转关，是需要丹田之气的长期沉守与累积的，若没有集聚足够的丹田气，这腰胯也不能发生作用，腰胯只形成一种外围的空转，起不到内劲的缠丝与折迭，也就是说产生不了缠丝劲与折迭劲，就会变成虚有其表的蛮拙之力。

在发劲时，下盘脚跟的打桩，要与中盘的腰胯脊相接，贯串成一气相连。《行功心解》云：“力由脊发，步随身换。”这个力由脊发，是通过丹田气的鼓荡作用入气打桩深植于脚底，入于地底，在脚底、地底形成折迭反弹劲道回传到脊背，这样才能“力由脊发”。若不是这样，脊要如何发力？脊如果没有脚跟藉由丹田气的鼓荡作用去打桩，如果没有藉由脚跟的打桩而折迭反弹，把内劲回传，而只有脊的局部之力，是产生不了力量的，即使使尽了吃奶之力，也只是局部的稀疏、稀烂之力，这是不能叫作“发劲”的。

上盘包含肩胛、肘、腕掌。肩胛是根节，是上盘手的主力，这个肩胛是要沉坠的，是要气的挹注的。肩胛是上盘的支柱，是发劲的力源，所以，如果肩不沉、不落，气不集、不聚于此，发劲是没有依靠的。发劲为什么要有依靠呢？譬如撑竿跳，那个竿底若没有地面给它依靠，就没有办法使力，力量发挥不出来；若没有地面给它依靠，这竿是绝对撑不起来的。同理，手臂出拳，在上盘要肩给它做依靠，而且还要借着中盘的腰胯及下盘的脚跟给它做依靠，这拳打出去才有爆发力，才会有磅礴的气势与劲道。

上、中、下三盘的根，三盘的支柱，是要互相依靠的，是要互相支持的，是要贯串成一气的，是要一气相连的。那么，要如何才能贯串、相连呢？只有三盘之气的落沉、连接、贯串，这个沉坠的力道，是同样一个“力底”，这“底底相连”“底底气沉”，三盘成为一个整体，才是真正的“三盘落地”。也唯有真正的“三盘落地”，才是真正的会“发劲”的人，也唯有真正的“三盘落地”，才是真正的达于高阶能够“接劲”之高手。

第 150 章　功夫不能冷冻

学功夫练武术，最重要的原则就是“坚持”，就是“持之以恒”“持续不断”。内家拳武术没有速成，所以要成就功夫，就要有坚强的意志力，要有坚忍的韧性和定力，要有大丈夫的气概，否则，难以有大成就。

形意、太极、八卦，都是要十年以上才能大成的，这是自古以来的例子，今人也可能无法例外超越。

古人练拳都是专志而求、而练，一天练八个小时或十几个小时，是常事。像这样的专心一意的练拳，还得十年才能大成。

现在的人，时空背景不同，要读书，要工作，要休闲娱乐，要聚餐应酬，即使有意要练拳，一天要能拨出一两个小时，可能已属不易。如是推算，要几个十年才能大成？

内家拳虽然不易成就，千百人之中，能成就者，一两人而已，虽然如此，但是慕名或向往内家拳的人，还是不少，求练者仍是不乏其人，总是抱着很大的期望，憧憬着将来成就时的甜蜜美景。

然而，能够坚持而练的人不是很多，有的一两个月就走人了，或半年、一年就意兴阑珊了，能够持续到四五年的，并不多见。有些人，傻傻地练，因为没有遇着好老师，练到膝盖出了毛病，却没有练到功夫，也就退转了，这是蛮令人婉惜与扼腕的，那些误人子弟的恶师，是要负后果的。

有些人，练了两三年，有一些基础，到了四五年，也练出部分的内劲，因此而自满，沉耽迷醉于微薄的功力，于初学者面前暴露傲慢心态，功夫无法再增进，也是蛮可惜的。

内家拳武术，是“零存整付”的功夫，要日积月累，每日去储蓄功力，你存多少就是多少，不会存少而积多，也不会存多而积少，有多少努力，就会有多少收获。若是随兴而练，三天打鱼，两天晒网，莫说十年，到了老年，还是一无所成。若是随兴而练，没有老实练拳，十年过去了，第二个十年也将至，可是却没有练出功夫，这得要自己检讨，不能怪老师没有倾囊相授。内家拳功夫，是循序、循级而授的，你没有练到那个阶层境地，即使老师要越级而教，也是没用的，你没有那个境地的水平，没到那个层次，就没办法领略、超越那个层级的功夫境界，所以，教得再多，也是无法吸收、消化的。

练功夫，像烧开水，这是我的老生常谈。水烧到一半，就关掉熄火，它不能称为“开水”；要烧开了，烧滚了，才叫作“开水”，才能够喝。

练拳，要练到气劲饱满，气敛入骨，成就“内劲”，才算是功体的“功德圆满”。如果功体还没有完全成就，练练停停，要成就内劲，是很困难的，这样是会旷日废时的，这样地蹉跎岁月，很快十年就过去了，还来质疑“内家拳不是十年大成”吗，我为什么却没有“大成”呢？你要扪心自问，你有没有认真练拳？你有没有老实练拳？

内家拳成就后是不易退失的，但你要去保住它，像煮熟的食物或开水，你要做保温的动作，这是保住功夫的不失。若是以为功夫已经成就，就把它束之高阁，把功夫冷冻起来，当有一天，你把冰冻过久的食物拿出来，发现它已发酵，已经酸臭腐烂，已经不能食用。

功夫成就以后，是不能“冷冻”的，更何况半生不熟之际，岂可荒废而怠练？

谨以肺腑之言，与有心于内家拳者互勉。

第 151 章　气要入桩，桩要入地

桩的内涵，就是里面含有气的能量，如果没有“气”这个能量，脚站在那边，只有物质的重量，在武术的运用范围中，不能产生极致的战斗作用，只有局部的“拙力”独撑格斗的局面。因为“爆发力”是涵盖着“力”与“气”的，如果只有单独的“力”，而缺乏“气”的能量，它所发挥的战斗效果，还是有缺陷的，还不是完备的“爆发力”，不是太极拳经所说的“完整一气”的“整劲”。

所以，练习“桩功”，不是练冤枉的“脚酸”，不是蹲得很低，去练肌力或肌耐力，这些都是舍本逐末的，都只是练到枝末，没有进入到内家拳的核心。但是，也不是说你练站桩，就不必落胯屈膝，站得高高的，一点也没有桩法的味道与气氛。

外国武术较少会练桩功，除非少数受到中国武术的熏陶，但是练的都是表面文章，没有领悟到桩法的内涵。

硬拳武术系统，部分是不练桩法的，有的虽然有站桩的练习，但大多偏向练脚力与承受耐力，所以要站得很低，让双脚去受苦。

内家拳部分，太极有站桩练习，以浑元桩为主，或将太极拳招式拿来个别站桩，如提手上势等。形意拳，入门先练三年桩，这是古时候的练法。形意以三才桩为主，步法是前四后六或前三后七，两脚要前后撑蹬，营造二争力。八卦桩法最多，以单脚桩为主，趟泥步是活动桩。

坊间有些斗牛式的推手，舍桩功而专练脚力，老师要施压，令学生去承受重力，或左右按肩膀，按双胯，或下压，让学生左右摇晃，或后仰下坐蹲低，谓之走化，练到抗力出来了，可以站着让人推不动，谓之功夫。这应了王宗岳老前辈的一句话："本是舍己从人，多误舍近求远，所谓差之毫厘，谬之千里，学者不可不详辨焉。"这是王宗岳在很早之前为后辈晚生所预下的警语，老前辈真是苦心孤诣。在那个时代，练武者颇众，但是以硬拳为多，崇尚练力，就连练太极者，仍免除不了尚力这个毛病，因为不知道太极拳是舍己从人的功夫，往往会误成拙力方向，所以就越练离太极拳本质越远。即使到了现在，盲目者仍多，盲师以盲引盲，把太极拳搞得乌烟瘴气，为人所诟讥。老前辈很早就语重心长地告诫我们，"学者不可不详辨"，但是后辈学人还是无法详辨，还是被盲师所唬弄，把"斯技旁门"误以为宝，以"被人推不动"而摆傲，自露我慢而不知，贻笑方家而不觉。

武术的格斗搏击，不是局限于让人推不动，不是局限于斯技旁门的斗牛推手，在诡谲的战斗中，是分秒必争的，是刹那间的无穷变化，而不是站在那里让人推不动。如果只是让人推不动，那么，人家一掌按过来，一拳击过来，是否还能完封应化，是值得深思的。

以前高雄有人参加推手比赛都是冠军的，以为自己功夫了得，就去参加搏击比赛，结果是不堪一击。大陆也有一则体育新闻，报道在河南举行的武术比赛，当时被公认实力最强的选手，多次获得推手重量级冠军，从一上擂台就被对手追打，满场抱头鼠窜，全无还手之力，场面惨不忍睹，裁判不忍看下去，中途终止了比赛。

从这两个例子可以知道，推手不是功夫的全部。虽然真正的推手在实战中，确实可以起到粘连黏随等听劲效果，但在阵仗中，对手的快速出拳，若是推手没有在一定的水平以上，恐怕是较难以应付硬拳的强大蛮力。

这里所说的推手在一定的水平以上，是指按部就班地从基础起练太极拳的人，他们得从站桩、拳架、基本功、推手，进而练习散打，一步一步地打好基础，这样才能应付硬拳。若是不信邪，急功近利地中途闯入推手的阵仗中，舍近求远、舍本逐末地去练顶抗之力，在推手比赛中侥幸得到冠军，就以为了不起了，不知天高地厚地去参加搏击比赛，是难以有好的成绩的，没有被打得抱头鼠窜，就算不错了。

桩法，是内家拳武术的基础，万丈高楼都得从这个基础打起，没有桩功基础的内家拳，是较难以与硬拳相抗衡的。因为内家拳是走松柔路线，以练气为主，以求劲为要，若是气劲没有练出来，要比力，是无法跟硬拳相比的。因为硬拳就是以练力为多，人家练力，你没有练力也没有把气劲练出来，单凭斗牛式的推手之技，在实战中是无法发挥全方位的战斗力的，所以难免被打得无还手之力。

所以，内家拳练桩功是绝对必要的，只有练就最基础的桩功，功夫才能有所成就，等练就全方位的内家武功，才能战胜硬拳。但是，桩功不是练腿力，不是练脚酸，桩功是在练气，这个气，要沉敛到桩上去，要深层地进入到桩上去。

一般的桩法，通常是指下盘的脚跟；身体上的桩，大抵而言，还有中盘的腰胯及上盘的手臂。下盘的脚跟要靠丹田之气的挹注，把气传输到脚，气要入桩到脚部，然后这个桩还要入到地底深层，所谓入地三分是也。桩要如何入地三分，在松净当中，要靠意念的引导，初练之时，这意念要特别强烈，练习日久，在有意无意之中，就可以把气引入地底。有一个比较容易体会的方法，形意的三才桩，脚的暗桩要前撑后蹬，用一个暗劲，让前后脚产生二争力的暗劲，这是一个巧力，不是僵拙力，不可错悟，二争力暗劲产生了，这个桩就会慢慢深入地底。

这里所说的“慢慢”，是指要练到一定时间，最快三年，所以，古时形意入门是要先练三年桩的，有了这个基础，往后才会有大成就。

中盘的腰胯，在松腰松胯中，气能沉于丹田及两胯，使中盘的落胯与下盘的脚跟连接一线，贯串起来，这个动作如果做好了，就没有膝痛的问题，因为全身的重量，会顺着胯而落到脚底，不会让膝盖吃到力，无形中起到保护膝盖的效用。很多人练松柔的太极拳，却练到膝盖受伤，岂不冤枉，因为老师没有把气的落沉、桩的入地这些方法、要领教出来，或许老师也没有练到这个水平，这只能说自己遇人不淑，没缘遇到好老师。

上盘的手，是要成就掤劲的，所以要沉肩坠肘，令气沉敛于肩、肘、腕三节；牵引主力，以根节的肩为主轴，去牵动催促气劲到肘、手。肩也要与中盘的腰胯及下盘的脚跟连接成一线，绵接起来，完整一气。

三盘的气都要入桩，上盘的桩是肩，中盘的桩是胯，下盘的桩是脚底，气不仅要入于三盘的桩，三盘的桩还要落入地底。或许你要质疑，下盘的脚可以落地，中盘的胯与上盘的肩如何落地？岂不是要躺到地下去吗？非也，因为下盘的脚既已落地，而三盘相接相连，气已贯串成一气时，它就成为一个整体，没有分割，既然是连体的，下盘落地，就是三盘落地。所以，三盘落地，是指三盘之气有落沉，而且贯串成一体。

内家拳的战斗，是发劲，不是使力，唯有成就浑厚结实的气劲，才能瞬间有爆发力的产生，才能打出短近之寸劲或贴身之黏劲，不须时间加距离而得机得势，这样才能取胜于硬拳。

发劲有三个要件，第一，丹田气的饱满；第二，脚要会打桩；第三，手要有掤劲。这三者是不能分离的，而且是要连接而贯串的。

脚练就了入地的桩，在丹田气的挹注运输下，把气同时下传到脚桩，暗桩一打，折迭、弹簧劲同时回传到手，三盘相接，瞬间爆破到敌人身上，这才是内家拳的发劲，才是内家拳制敌的武器。

如果没有成就这样的功夫，要与硬拳系统比赛，还得三思。

第 152 章　割草悟拳理

用手工割草，必得将草的顶端抓住、拉直，这草才能割断，如果不拉直，当镰刀触到草身，它会随势而移动，因为没有着力点，力量使不到草身，这是太极拳“舍己从人”的功夫，是太极拳“一羽不能加”的功夫。

太极拳本是“舍己从人”的，这是王宗岳老前辈《太极拳论》的结后语，是王宗岳老前辈的语重心长的教诲，但是多数学者都误会了，选择了“舍近求远”，选择了拙力方式，练成斗牛式的推手，舍弃了基本的功体练法，而追求较快速的蛮力的短暂成就。

前面说过，割草必须将草拉直，使镰刀碰触到草身时有着力点，这草才能被割断。从“将草拉直”，我们来体验《行功心解》里面所谓的“力由脊发”这句话。

“力由脊发”，是说发劲时，丹田之气要输运到脊背，也就是“气贴背”。气贴背就是背脊要拔直、要挺立，使气服贴充满于脊背之间，使背脊与胯形成一个支撑力点，并连结贯串至脚底，由脚底的打桩折迭所形成的反座力，上传于手，连接成一道整劲，这才是真正的发劲方式。这中间，如果腰脊不直，则气无法贴于背，也无法上传而形于手，无法达到“完整一气”的整劲态势，就会变成局部力，就会变成拙力，不是太极拳的发劲。

谚云："墙头草，随风倒。"意谓这草是会随着风力而偏移的，它会随着风向、风力而转移方向。所以，墙头草也被拿来形容趋炎附势的人。然而，这草的随势，这草的舍己从人之性，在太极拳的运用当中有正面的意义，它不会跟你顶抗，它不会正面与你起冲突，这也是太极的圆融性。

从另一个角度来思维，草有随他性，有舍己从人之性，那么，如果不拉直它，如何才能顺利地割断它，让它无法"随势走化"？

我们如果利用"牛筋式"的马达割草机的快速旋转力，可以轻易地将草扫断。因为马达的向心力、马达的轴心自转所引动的牛筋的离心力，是极其疾速的，快到这草没有时间与空间的机势变化，也就是它失去了"走化"的空间，失去了"走化"的机势，变成挨打的势态。

平常人没有马达的快速旋转力，没有办法像割草机一样地摧枯拉朽，将草摧毁，但是，如果功力够，仍然可以轻易地将草扫断。这里，可以用太极的发劲来引喻。

太极拳的发劲，是一种摧枯拉朽的爆破力，不是用力将人推倒。推倒是一种拙力，不是内劲所引爆出来的爆破力，这是要先分辨清楚的。

推，是一种拙力，这种力量是笨拙的，所以才谓之拙力。拙力是呆滞而缓慢的，所以这种施力，让人有走化的空间，就像草可以随势而倒。

但是，真正的太极发劲，它是瞬间的爆发，是迅雷不及掩耳的，它可以让你没有走化的空间，除非你的听劲极为灵敏，变化神速，则另当别论。

瞬间疾速爆发的太极发劲是有条件的，不是一般使力的"快"。王宗岳老前辈说："快何能焉？"太极的快，它是没有时间与空间的，就像炸弹的爆破，人是难以逃脱的，因为没有时间与空间让你去逃脱闪躲。太极的快，就像装了马达的割草机，在草想随势而倒的刹那，已被牛筋着身逼迫粉碎，无从躲脱逃避。

太极发劲的条件就是三盘落地，上、中、下三盘的气要落沉连结，与地相接。上盘的手，似松非松地掤着，气要沉坠；中盘的丹田气要饱满凝聚，腰胯要落沉，与下盘的脚跟连成一气。在发劲时，丹田气一凝一聚，引到脚底，借地打桩，这桩入地所引生的折迭反弹，会自动上传形乎于手，此时，胯、脊、背要拔直，气贴背，力由脊发，贯串肩胛，完整于手。

脚的打桩，认真地说，应该是丹田气的打桩，脚只是被借助的工具。脚虽然只是被借助的工具，但这工具是要利的，俗话说："工欲善其事，必先利其器。"所以这工具、这脚是要利的，所谓的利，就是脚的桩功成就，你的气有入桩，桩有入地，这才能发生作用，如果这桩功没有成就，任你丹田气多么的饱满，打的是一个空桩，是一个空包弹，起不到发劲的作用。所以，发劲是需要三盘功体齐备成就，缺一不可的。

手的内劲如果不沉，按到人家的身体，不会有"引劲"产生，也就是无法引动对方的反坐力，如果没有这个反座力让你有着力之点，你就会打空，就不能使对方有"奔跌"的效果，你这劲就发生不了作用。

对方被你引动所产生的反座力越大，你的着力点就越实，打出去的劲道就越脆、越利、越紧凑，才能使对方跌出丈外，漂漂亮亮的，不会拖泥带水，不必使出吃奶力才把人硬推出去。

手的沉劲是依仗着丹田气的沉着与脚桩气的沉着，三盘的气都要沉着落接于地，这样，才能在出手贴按对方身体时，手的沉劲可以直达对方的脚跟，引动对方的重心。在这里会有两种情况发生：

第一种是撼动对方的根，使其脚跟虚浮而起，令对方失去中定平衡，这样就可以轻易地将对手打出。

第二种情况是自己的手之沉劲在按触对方身体时，因为沉劲的作用，会引动对方的反座力，形成我方的支撑力点。这种情形就像撞球的拉杆，因为拉杆而回的反座力，使母球撞击到子球时，产生快速强大、扎实脆利的撞击力，让子球疾速落袋。

撞球的拉杆，母球撞击子球时，母球是定住不动的，因为拉杆所引生的反座力，使子球在被撞击的刹那，产生支撑力点，使母球的撞击力更强烈。如果是推杆的话，因为没有反座力产生，也无法产生支撑力点，被打出的力道，是完全不同的。

我们再来思考太极的发劲。如果用拙力去推，对方只是随着你的推力若干而退后若干；但如果你练就了太极的功体，成就了内劲，手的沉劲、掤劲都够成熟，气能沉于丹田，沉落于脚底，也成就了打桩的窍门，在体用兼备的情况下，发劲只是意念在起作用，只要一作意，就能引爆丹田之气，意到劲随，贯串连绵，迅雷不及掩耳，对方被内劲着身时，还来不及反应，已被打跌而出。

内劲，是一个巧力，不必费九牛二虎之力，听起来好像天方夜谭，然而，达到那个层次的修炼者，却能深信，所言不虚。

第 153 章　顶抗与接劲

顶抗与接劲是两码事，内质、涵义是天差地别的。如果以为用力去顶住对方，让对方推不动，就是太极拳功夫的成就，就是意味着下盘的根够沉稳，这是值得质疑的；如果以为能顶得住对方的推力，就表示接劲和掤劲已然成形，这也是值得思辨检验的。

顶抗，就是对方来力着到已身时，以拙力去顶住、抗拒，让对方推不动，使自己立于不退、不败的地位。这种顶抗形式，是不分以上盘的手去顶抗，或以中盘的腰胯去顶抗，或以下盘的脚跟去顶抗，皆谓之顶抗。虽然有把对方的力道承接到脚底，但用力方式仍是处在顶抗的局面之内，都还是属于顶抗的范围。如果没有认真仔细地加以思辨的话，是容易被混淆与误会的。

现在再来谈接劲，如果能明白接劲的涵义，相对地就能了解顶抗的错处，而不会被一般阿师所误导。接劲，就好像棒球捕手的接球，当投手的快速球投过来，球速是极快的，捕手在接球时，必须向下或向后坐劲，来缓冲球速的冲击力，这样，手腕才不会受伤；如果没有这个坐劲的缓冲，而去硬顶接球，手是容易挫伤的。

接劲的道理是同样的，当对方的强势来力着到已身时，不可用手去顶，不可用腰胯去顶，不可用脚跟去顶。如果误认能顶得住，让人推不动，就意味着下盘功夫了得，是值得置喙的。

高雄市以前有一位推手选手，比赛常得冠军，有一次参加比赛，为了顶住对手的势力，身体是顶住了，但是颈椎却瞬间移位，整个人差点昏厥过去。他的颈椎后来有没有痊愈，不得而知，但是，那件事过后，就没有再看到他在赛场露面，如果因此而造成某些后遗症，实在是令人遗憾的。

在推手中，宁可退，宁可败，宁可输，不必求胜，不必顾面子，但是不要让身体受到伤害，所以，“让人推不动”是值得思考的。

练到让人推不动，并不能说是太极拳功夫有了一定的程度。练到让人推不动，对接劲与发劲并无正面的意义。为何如是说呢？因为，即使你“让人推不动”是练出下盘脚跟的功力，但这离接劲与发劲还是有一段很长的距离的，在让人推不动的情势下，必然含着或多或少的顶抗力。前面说过，接劲必须通过坐劲来缓冲正面的强大势力，它是像弹簧一样涵盖着弹力去消解对方的来力，因为消解而化去来力，或因消解而轻松地接住对方的来力，这就是接劲。也因通过弹簧性的接劲，在反弹折迭之时，借着回弹的势力，借着地力而借力打力，打下暗桩，完成发劲动作。

如果是以拙力去顶住，而让人推不动，在顶住时就会形成一个死力抗在那边，于对方的来力是难以消解的，也无法产生回弹的反坐力，那么，在发劲时，它是一股新的力道，它不会产生折迭劲，无法借力，无法达到省力原则，也可以说，它完全是一种拙力，不是真正的发劲。

再说到掤劲。掤劲就像海水，它有张力，有承载力，可载万吨舟船而不沉。所以，掤劲并不是像一块硬件物，把人家的来势来力顶在那边，也不是奋力用手去抗住对方，让对方的力量进不来，不是这样的。掤劲是接劲的运用，它是载浮载沉的，它可以接劲，也可以发劲，它的劲是 Q 柔的，是柔中带刚的，它是有弹性的，不是一只刚硬的铁手，不是以硬力去顶住人家，让人推不动。

接劲就像车子的避震器，里面有弹簧，可以缓冲车子在行驶中颠簸的力道冲击，车子如果没有这个避震器，在颠簸的路面行驶，就会被震得头昏脑胀。接劲如果没有如车子般的避震器，缺少那个弹簧性，那就是顶，在这种情况下，即使你的手坚硬如铁，即使你的下盘稳固如山，都还是悖离了太极拳的本质，与太极拳是背道而驰的。

太极老前辈王宗岳先生在他的《拳论》中说：“本是舍己从人，多误舍近求远，所谓差之毫厘，谬以千里，学者不可不详辨焉。”太极拳本是舍己从人，本是借力打力的，太极拳是以柔克刚的，是四两拨千斤的，所以，让人推不动，是要像“不倒翁”一样，要有走化、消解的功能，如果是力顶、力抗而让人推不动，是不值得推崇标榜的，否则容易误导读者。若是以让人推不动作为学习的指标，那么，毫厘之差，变成天地悬隔，离太极拳越来越远。王宗岳老前辈苦口婆心地告诫后辈晚生，“不可不详辨”呀！

老前辈又说：“斯技旁门甚多，虽势有区别，概不外壮欺弱，慢让快耳；有力打无力，手慢让手快，此皆先天自然之能，非关学力而有为也。察四两拨千斤之句，显非力胜。”太极拳本是以无力打有力、以小搏大、以弱胜强的，若是练错方向，想以顽力去力抗强敌，除非块头比人大，力量比人强，如果不是这样，是难抵强敌的。前辈说，四两拨千斤，显非力胜。这四两拨千斤，不是纯技巧而已，四两拨千斤是有条件的，包含内劲、沉劲、掤劲、听劲、桩法等的成就，只有这些条件具备成就，才能产生四两拨千斤效果。如果搞错方向，用土法方式去练下盘的脚力，练成了满身的蛮力，练成了“让人推不动”的抗顶顽力，就落入了老前辈所说的“斯技旁门”，已经不是太极拳了。

推手不是功夫的全部，在武术的实战中，让人推不动，不是制胜的因素。在太极的领域中，必须具备了听劲、接劲、发劲等的基础，在实战中才有制胜的契机。

有人以“推不动”为题，而论述标榜“让人推不动”为太极拳的若干功夫，虽然内文有说到松柔、不顶抗之类的言语，但整体而言，还是有瑕疵的，容易让读者产生混淆，误以为“让人推不动”是太极的功夫，这值得谨慎。

第 154 章　颈喉运气与丹田关系

说到运气，大部分的人或老师，都只讲到丹田的鼓荡、折迭、牵动等，很少说到颈喉的运气。事实上颈喉间的运气，与丹田的运转是互为关联的，只是较少人去注意到这微细及深层的内涵。

歌手唱歌，必须要鼓动丹田之气，音色发出来才会洪亮、结实而有力道，它由内里丹田所发出来的气劲，声波才能与外面的空气磁场产生共振、荡漾，而余音绕梁，那个声音好像好久都会在你耳边回荡缠绕，不绝于耳。这是丹田与气的共振、折绕、回荡、弹簧作用。

我们的鼻腔吸入外面的空气，经过气管输送到肺部，在呼吸间，通过太极拳或内家拳的行气、运功、调息方式，去鼓荡横膈膜而牵动五脏六腑，使脏腑得到运动与气的温养，而令血液循环充满生机活力，达到健康的效果。

另外，通过太极拳或内家拳的极松柔及行功运气法，使得腹内丹田的气松净、松透，而产生热能、电能，然后气敛入骨，经久而汇聚成不可思议的内劲。

内劲的汇聚，是丹田气的作用，故而丹田气的沉淀凝聚，是内劲产生的前提要件，所以，气沉丹田就成为非常重要的课题。

气沉丹田，除了松柔之外，行功运气是不可或缺的。因为松柔只是让气血通畅，没有阻碍，但是要让气血运行，是得加压的。就像水，如果没有水压，没有压力给它，它就会滩在那边，成为一滩死水，如果有水压，它就会产生激流。

太极拳或内家拳虽然主张“不用力”，强调“用意不用力”，而这个“用意”，虽然没有用到拙力，而事实上它是含蕴着“气压”的，也就是气的压力。如果没有这个气压，那么，太极拳或内家拳的行功运气，将变成天马行空，将变成鬼画符，将变成装模作样的行尸走肉，成为一个空架子，对于气劲的养成，将是徒劳无功，白练一场。

既然行功运气不可或缺这个“气压”，那么在运气时，如何去增加气感及气的输送压力呢？除了鼓荡丹田，使丹田产生蓄放、折迭、压缩等外，还有迂回、往复、拧旋等，说之不尽，这些行功运气法，都需要明师的口传心授，很难用语言文字表达于万分之一。

本文主题在于叙述颈喉运气与丹田的关系，所以其他的种种行功运气法，不在讨论的范围。

试观一个好的歌手，在鼓运丹田之气时，喉颈之间是有气的运为的，在唱到“震音”时，喉结管是会颤动的。丹田要发出声音时，喉结管间的气压是要沉积的，这样才能与丹田的气产生共振、共鸣作用，让声音结实、洪亮而不散漫。

在太极里面有运用到喉结颈项的功法，如“哼、哈”二气，形意则有虎啸、雷鸣的运气发劲打法，都是要运用到颈喉的沉淀气压，来促使丹田气更有爆发力，使丹田气更结扎、束整、凝聚，达到气的暗劲压迫，令气被挤压而爆破出来。

在站桩或盘架时，颈喉间的气压要往下沉淀，用暗劲把内气运送传输到丹田，这个气也可以同时被送到下盘脚底及上盘的手臂，至于中盘的胯腰就更能通体而达的。

我们在吐气的时候，吐出的是废气，废气从鼻孔呼出去，在这同时，会运气的人，在喉颈间气会整束起来，自然去压缩丹田的气，使上下的气连结起来，接续而成为一个气沉丹田的局势，使得丹田的气更加汇聚凝结。

在发劲的时候，藉由丹田气的输运到脚底，打下暗桩，产生反弹折迭劲，这个劲打出去，才会脆利、渗透，令人悚然。

颈喉间的气沉整束，与“虚领顶颈”是有关的。颈部虚灵了或颈部虚虚领着，虽然不着拙力，但要顶劲，把内暗劲悬顶起来，这就叫“顶头悬”。顶头悬除了气通达百会之外，可使颈椎有掤劲产生而富有弹力、张力，使得头部有所依靠，不会因受力冲击的关系而使颈椎移位，受到伤害。

拳论云：“虚领顶颈，气沉丹田。”能够虚领顶颈，才能气沉丹田。所以，为了要达到气沉丹田，是必须虚领顶颈的，藉由虚领顶颈，把颈椎竖立起来，藉由颈喉间的运气，将气压送而沉入于丹田。

颈喉间的气压、气沉，能使颈椎竖立起来，而达到虚领顶颈、顶头悬的效果，是相辅相成的。也因此而能使整个身体达到中正安舒，令气由百会下循任脉而直达丹田。

所以，颈喉间的整束、竖立，及二者之间气的压运，与气沉丹田是息息相关的，是上下互相连接贯串的。能通澈此理，对于气劲的运作、应用，帮助是颇大的。

形意拳有下列记载：“形意拳大师李仲轩、唐维禄、尚云祥等，在口传形意拳时，有说到‘虎豹雷音’之句，透过雷音来助长功夫。练拳到一定程度，功夫要向身内走，就是要熏进五脏六腑，用发声来接引，声音由内向外，劲力由外向内，里应外合，功夫方能成就。所谓雷音并不是打雷的霹雳声，而是下雨前，天空中隐隐的雷音，似有似无，却很深沉。功夫行深时，自然会有雷音从身子深处出来。雷音是一种匪夷所思的呼吸，功夫深时才会有此现象。”

《拳经》云：“气宜鼓荡。”这个鼓荡，初浅的运气法，只是丹田的吞吐、蓄纳、折迭等，是借着呼吸吐纳去振荡五脏六腑，是在有形的初阶层级。真正的鼓荡，就是功夫行深时的“虎豹雷音”所产生的自然共震共鸣作用。有“虎豹雷音”的深层功夫，在技击搏斗时，才有“虎啸雷鸣”的怯敌效果，否则，都还是落于“虚张声势”“借声助胆”“装模作样”的低层范畴。

第 155 章　老实练拳

很多人练拳，练了几十年，甚至练了一辈子，最终的结果，只得个“到老一场空”，没有练出“真功夫”，真是令人引以为憾。其症结在于自己没有“老实练拳”。

在各个练拳的道场，尤其是公园、学校运动场、文化中心广场等地，来参与练拳的人，是把练拳的道场当成一个联谊的地方，他们来练拳只是为了交朋友、连络感情、打发时间，见了面就是嘻嘻哈哈，打打闹闹，言不及义，讲话开玩笑的时间占了大部分，真正用心在拳上的时间少之又少，就如此一天过一天。时间如过隙之驹，一眨眼，发已斑白，年已半百，才警觉到时不我予，才发现自己荒废了大好时光，没有认真在拳上用功夫。

某些练拳的人，没有认真地“老实练拳”，只爱谈论拳理，只是爱现，口沫横飞地与人辩论拳理，自以为是，而实际上所发表的言论，都是从拳经、拳论或从他人口中所得知的一些“一知半解”的肤浅知识，并非自己的实践实证功夫，却能脸红脖子粗地与人争论不休，滔滔不绝，从不认输。等有一天被“行家”跳出来拈提辨正时，却只能嘴挂壁上，哑口无言；或等有一天，被人试验功夫时，却一点也使不出来，露出马脚，满脸豆花。

有些人，练拳是为了给人家看的，表面上好像很认真，也常常提出一些问题请教人家，看起来煞有其事，而实际上，他的心并没有在拳上用功夫。

我念初中时有一位同学，整天都会拿一本书，表面上是蛮认真用功的，而实际上是心不在焉，他的考试成绩大都是敬陪末座的。当时，我的汉语基础还不错，有些文言文他不懂的就会来问我，我都是很详细地为他解释，结果有一次，他问过的题目考试出题了，他却不会作答。由此可知，这位同学的心，是不专注的，是没有用心学习的。

学拳也有这样的人。以前有一位师兄弟就是这样，他的练拳出席率是蛮高的，但在一起练的时间里，讲话、谈论问题的时间多于练拳时间，常常会冒出一些无厘头的问题，令人有想避开他的感觉。

练拳，需是老老实实、恭恭敬敬，对老师老实，对老师恭敬，对自己老实，对自己恭敬。老实，就是真心诚意，没有虚伪，没有虚假；练拳不是练给老师看，不是练给别人看，而是要对得起自己，不要欺骗自己。有没有老实练拳，骗得了别人，但是骗不了老师，更骗不了自己。功夫有没有长进，老师看在眼里，但在这个时代，老师不能骂你，不能责备你，只能鼓励性地提点一下而已。

功夫有没有进步，自己最清楚，因为练功夫就像银行存款一样，你存了多少就是多少，存款簿拿出来一看，即知分晓。你没有去存钱，而对人说你已是大富翁，岂非自欺欺人。

老实练拳，你必须自己立一个功课表，每天固定要练几小时，要持续不断，要坚定不移，要艰苦卓绝，这才是大丈夫的行事风格。内家拳每天不得低于两小时的锻炼，若是练练停停，若是随兴而练，到了老年，都只能图个“一场空”。若是躐等以求，都是凡夫，都是俗子，不能成就内家拳。

古人是“十年太极不出门”“十年形意不出门”“十年八卦不出

门”。这些内家拳功夫，都是得苦心造诣才能成就，今人每天不能持续练上一小时，而想成就内家功夫，岂非作梦，岂非妄想。

恭敬心，是练拳必备的心态。不老实练拳，就是对老师不恭敬，对自己不恭敬。对老师不恭敬，是说老师苦口婆心的谆谆教导，只差个没有把心掏出来，而学生却听者藐藐，没把老师说的听到心里面去，这就是“听者藐藐”，因为听了，没有去做，没有去认真地实践，没有去老实练拳。

没有真心诚意地在拳上用功，就是不恭敬自己。或许有人会认为，自己哪需恭敬自己？君岂不闻“先敬己，而后人敬之”，如果自己行事没有真心诚意，要诈虚伪，怎么能得到别人的尊敬呢？所以，做人做事必得先敬己而后别人才会敬之。练拳也是一样，要以恭敬心而练，就像祖师爷、就像老师就在跟前那般，要克己复礼，毕恭毕敬。

恭敬自己，恭敬老师，恭敬祖师爷，恭敬拳经拳论，有了这个反求诸己的恭敬心，你才能老实练拳，才能在老实练拳当中，领悟祖师爷在拳经拳论中所说的真道理。

在经论里，很多地方会说到“气”与“劲”，我在自己的论述当中也常引用到经论中的要语，然而很多练内家拳的却不读经论，不相信“气”与“劲”这些功夫，而且有超乎贬抑经论的言语，这都是因为自己没有实证功夫，所以也不相信别人，不相信经论之言，不相信祖师爷所遗留下来的宝贝经典。这种行径，就是没有恭敬心，也因为没有恭敬心而不能老实练拳，因为不能老实练拳，而无法成就甚深微妙的内家拳功夫。

做一个学生如果常常缺课，有一搭没一搭的，这是不恭敬老师，也是不恭敬自己，愧对老师，也愧对自己，属于不老实练拳的一种。如果自言“我都在家自己练”，这可能不是真实语，上课时间都可以不来，其他时间要说有多认真，都要被打个问号。

练拳的时候，如果心不专注，心有旁骛，想东想西，一面打拳，一面偷瞄一下周围有没有人在看。很多人是爱现的，打拳是想给人家看的，若是旁边没人观看欣赏，他就兴趣缺缺，提不起劲，随便把玩几下就收功，这也是不老实练拳。

学拳练功夫，是为自己而学、而练，自己有那个兴趣，有对武术的憧憬、期待，要立定理想目标。自己要立一个时间表、课程表，要一路坚持地走下去，别人一点也没办法勉强你。自己要有大丈夫的胸怀，要有男儿当自强的气概，这样才能有所成就。

老实练拳，要须像佛教净土宗的“老实念佛”一样，才能求升西方极乐世界。若是口中“念佛”，心中却不“念佛”，则不得往生西方。所以要须口念心念，心中要一心忆念着佛，要以心念佛，一心不乱，才得往生极乐。

练拳不只是手脚在练，而是用心思在练，念兹在兹，一心想着拳该如何练，气该如何走，如何运，如何吞吐，如何蓄蕴，如何鼓荡，如何折迭，如何转换，如何缠丝营造阻力，如何运用身体各部位的二争力去激荡内藏的“气”，如何束身缩骨，如何裹钻拧缠等，这些都须用心去思维，在静心、用心、真心的老实练拳当中，通过真实真意的实践体验练习，这样才会有所领悟。练拳不是凭空想象，不是心存幻想而能致之的，而是必须苦心造诣，用心用功，才能“学力而有为”的。内家拳，是智慧之拳，若是土练、傻练，没有用心去思考经论中前辈所遗留下来的智慧结晶，加上没有认真老实练拳，那么，终其一生，还是在内家拳门外。

想成就内家甚深功夫，必须——老实练拳。

图书在版编目（CIP）数据

内家拳武术探微. 下卷 / 苏峰珍著. - 北京：人民体育出版社，2018

ISBN 978-7-5009-5289-3

Ⅰ. ①内…　Ⅱ. ①苏…　Ⅲ. ①内家拳-基本知识

Ⅳ. ①G852.1

中国版本图书馆 CIP 数据核字（2017）第 296907 号

*

人民体育出版社出版发行

三河兴达印务有限公司印刷

新　华　书　店　经　销

*

787×1092　16 开本　17 印张　204 千字

2018 年 3 月第 1 版　2018 年 3 月第 1 次印刷

印数：1—5,000 册

*

ISBN 978-7-5009-5289-3

定价：41.00 元

社址：北京市东城区体育馆路 8 号（天坛公园东门）

电话：67151482（发行部）　邮编：100061

传真：67151483　邮购：67118491

网址：www.sportspublish.cn

（购买本社图书，如遇有缺损页可与邮购部联系）